NCS

공무원
연금공단

직업기초능력평가

NCS 공무원연금공단
직업기초능력평가

초판 인쇄   2021년 10월 6일
초판 발행   2021년 10월 8일

편 저 자 ｜ 취업적성연구소

발 행 처 ｜ ㈜서원각

등록번호 ｜ 1999-1A-107호

주　　소 ｜ 경기도 고양시 일산서구 덕산로 88-45(가좌동)

교재주문 ｜ 031-923-2051

팩　　스 ｜ 031-923-3815

교재문의 ｜ 카카오톡 플러스 친구[서원각]

영상문의 ｜ 070-4233-2505

홈페이지 ｜ www.goseowon.com

책임편집 ｜ 김수진

디 자 인 ｜ 이규희

PREFACE

우리나라 기업들은 1960년대 이후 현재까지 비약적인 발전을 이루었다. 이렇게 급속한 성장을 이룰 수 있었던 배경에는 우리나라 국민들의 근면성 및 도전정신이 있었다. 그러나 빠르게 변화하는 세계 경제의 환경에 적응하기 위해서는 근면성과 도전정신 이외에 또 다른 성장 요인이 필요하다.

최근 많은 공사·공단에서는 기존의 직무 관련성에 대한 고려 없이 인·적성, 지식 중심으로 치러지던 필기전형을 탈피하고, 산업현장에서 직무를 수행하기 위해 요구되는 능력을 산업부문별·수준별로 체계화 및 표준화한 NCS를 기반으로 하여 채용공고 단계에서 제시되는 '직무 설명자료'상의 직업기초능력과 직무수행능력을 측정하기 위한 직업기초능력평가, 직무수행능력평가 등을 도입하고 있다.

공무원연금공단에서도 업무에 필요한 역량 및 책임감과 적응력 등을 구비한 인재를 선발하기 위하여 고유의 직업기초능력평가를 치르고 있다. 본서는 공무원연금공단 채용대비를 위한 필독서로 공무원연금공단 직업기초능력평가의 출제경향을 철저히 분석하여 응시자들이 보다 쉽게 시험유형을 파악하고 효율적으로 대비할 수 있도록 구성하였다.

신념을 가지고 도전하는 사람은 반드시 그 꿈을 이룰 수 있습니다. 처음에 품은 신념과 열정이 취업 성공의 그 날까지 빛바래지 않도록 서원각이 수험생 여러분을 응원합니다.

STRUCTURE

핵심이론정리 및 출제예상문제

각 영역별 핵심이론 및 다양한 유형의 출제예상문제를 다수 수록하여 실전에 완벽하게 대비할 수 있습니다.

상세한 해설

문제의 핵심을 꿰뚫는 명쾌하고 자세한 해설로 수험생들의 이해를 돕습니다.

면접

면접의 기본과 면접기출을 수록하여 취업의 마무리까지 깔끔하게 책임집니다.

CONTENTS

PART

I

공무원연금공단 소개

CHAPTER 01

공사소개 및 채용안내

1 공무원연금공단 개요

공무원연금공단은 공무원의 퇴직 후 생활안정을 위한 연금지급 뿐만 아니라 공무수행 중 발생한 재해에 대한 충분하고 신속한 보상, 퇴직준비 전문교육, 융자, 임대주택 및 복지시설 운영 등 전·현직공무원을 위한 종합복지프로그램을 운영하고 있다.

2 운영체계

(1) 운영체계

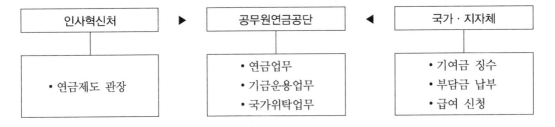

(2) 공무원연금공단의 기능

연금업무	기금운용업무	국가위탁업무
• 기여금·부담금 등 제비용의 징수 • 퇴직급여·재해보상급여 등 제급여의 지급	• 금융기관 예입, 주식·채권 등 유가증권 투자 • 공무원을 위한 주택의 건설·취득·분양 및 임대 • 공무원에 대한 융자, 공무원 후생복지시설 운영	• 대여학자금 대여 • 맞춤형 복지

3 비전 및 전략

(1) GEPS 중장기 경영전략

미션	안정적인 연금복지 서비스로 전·현직 공무원의 복지향상과 사회공헌을 돕는다.			
비전	국민과 함께하는 혁신경영, 연금가족과 행복한 동행			
전략 목표	건실한 연금 운영	보다 나은 복지서비스	사회적 가치 실현	국민이 바라는 혁신
전략 과제	• 지속가능한 연금제도 연구 • 디지털 연금서비스 제공 • 금융자산 수익 증대	• 고객지향 맞춤서비스 확대 • 공공시설 활용으로 서비스 다양화 • 포용적 재해보상 강화	• 국민중심 안전관리 강화 • 공직경험과 사회공헌의 연계 • 일자리 창출 및 지역 상생협력	• 참여와 나눔의 열린 경영 • 공정·투명 경영으로 국민신뢰 제고 • 조직혁신으로 미래성장 선도

(2) 미션

미션문구	문구설명
안정적인 연금복지 서비스로	• 저성장·고령화 등 사회환경 변화에도 매월 연금지급의 약속을 지킬 수 있도록 연금재정의 안정성을 도모하고 연금제도의 지속가능 기반 강화 • 「예방·보상·재활·직무복귀」의 종합재해보상 실시, 공직사회 환경변화에 맞춘 신규복지서비스 확대, 공직경험과 연계한 사회공헌 활성화 지원
전·현직 공무원의	• 공무원연금수급자와 현직공무원이 핵심고객이며, 그밖에 공무원연금법상 유족 등 포함
복지향상과 사회공헌을 돕는다.	• 재직 중에는 국민에 대한 봉사자로서의 직무에 전념할 수 있도록 다양한 복지서비스를 제공하여 공직사회 사기진작과 생활안정을 도모 • 은퇴 후에는 공직경험과 재능을 사회에 환원할 수 있도록 은퇴지원교육과 사회공헌활동을 지원함으로써 국민의 삶의 질을 높이고 공직자로서의 자긍심을 고취

(3) 비전

비전문구	문구설명
국민과 함께하는	• 공단 경영의 공공성 확대를 위해 경영 전반에 국민이 참여하고 협력할 수 있는 시스템 정착 • 채용의 공정성과 중립성을 바로 세워 사회적 약자에게도 일할 기회를 균등하게 제공하고 사회통합에 기여 • 퇴직공무원 사회공헌, 제휴복지서비스 등 공단의 업을 바탕으로 사회적 약자 보호 및 사회적 경제 활성화에 기여 • 공단의 하드웨어 및 소프트웨어 인프라 공유를 통한 지역사회 활성화 및 공동체 복원에 기여
혁신경영	• 국민 눈높이 경영이 선순환되는 시스템을 정착시켜 국민이 신뢰하는 공공기관으로 거듭나겠다는 조직원 모두의 강한 실천의지와 신념
연금가족과	• 전·현직 공무원과 공단은 국민의 삶의 질을 높이고 국가비전을 달성하기 위해 함께 노력하는 동반자
행복한 동행	• 전·현직 공무원이 국민의 봉사자 역할에 전념할 수 있도록 연금·재해보상 등 종합복지서비스를 공직 생애주기에 따라 맞춤형으로 제공 • 국민으로부터 신뢰받는 공직자의 행복한 삶에 기여

(4) 핵심가치

핵심가치	내용설명
공공성	• 우리는 항상 고객가치와 더불어 공익 창출에 보다 선도적 역할을 다해야 한다. • 우리는 사업을 통해 지속적으로 공동체 발전에 기여할 수 있는 상생협력 방안을 모색한다. • 우리는 사업과 관련된 모든 이해관계자의 안전과 위험예방 노력을 최우선 한다.
자율과 책임	• 우리는 주어진 권한 내에서 주인의식을 바탕으로 스스로 혁신하고, 프로답게 도전한다. • 우리는 노력과 성과에 대해 정당하게 평가받고 결과에 책임지는 공정하고 합리적인 업무체계를 마련하고 실천한다. • 우리는 고객, 국민, 지역사회 등 이해관계자에 대한 사회적 책임과 의무를 다한다.
소통과 배려	• 우리는 국민과 고객의 소리를 존중하고 경청하며, 업무에 적극 반영한다. • 우리는 구성원 간 열린 소통을 통해 세대 간의 갈등과 고충을 해소하고, 서로 신뢰하는 긍정의 조직문화를 조성한다. • 우리는 구성원들이 건강하고 안전한 환경에서 일할 수 있도록 제도와 환경을 마련하고 상호 배려한다.

(5) 전략목표

중장기(2021~2025) 전략목표			
▲			
건실한 연금 운영	보다 나은 복지서비스	사회적 가치 실현	국민이 바라는 혁신
건실한 연금 운영	• 연금재정 안정과 합리적 연금제도 개선으로 지속가능성 제고 • 안정적 기금수익 증대로 연금재정 안정화 뒷받침		
보다 나은 복지서비스	• 공직사회 변화를 반영한 복지서비스 다양화, 고객수요에 대응한 고객지향 맞춤 주거지원 등 고객지향 맞춤서비스 확대 • 종합재해보상서비스 제공으로 공직사회 안전망 강화		
사회적 가치 실현	• 공공의 이익과 공동체 발전기여 등 공공기관의 사회적 가치 실현에 대한 시대적 요구에 부응 • 공직전문성 활용 사회공헌, 일자리 창출, 상생협력 등 대국민 사회적 가치 창출로 국민과 함께하는 공공기관 구현		
국민이 바라는 혁신	• 국민의 참여 · 협력 확대 및 윤리 · 인권경영 강화 등 공공기관의 사회적 책임 이행으로 신뢰받는 공공기관 구현 • 정책 · 사회환경 변화 대응을 위한 조직혁신으로 미래성장 선도		

4 주요사업

(1) 연금사업

공무원연금은 공무원 및 유족을 위한 종합사회보장제도로, 공무원의 퇴직 또는 사망과 공무로 인한 부상 · 질병 · 장애에 대하여 적절한 급여를 실시함으로써 공무원 및 그 유족의 생활안정과 복리향상에 기여함을 그 목적으로 하고 있다.

① 공적연금제도(Public Pension System) ··· 공무원의 노령 · 장애 · 사망 등 소득상실사유 발생시에 적절한 급여를 실시하는 공적연금제도이다.

② 공무원에 대한 종합사회복지기능을 수행 ··· 퇴직연금급여 이외에 재해보상급여, 부조급여, 퇴직수당 및 후생복지사업 등 다양한 프로그램을 제공하는 종합복지제도이다.

(2) 재해보상

① **재해보상급여** ··· 공무원이 공무수행과 관련하여 부상 · 질병 · 장애 · 사망하였을 때 사용자인 국가 또는 지방자치단체가 보상적인 차원에서 지급하는 급여

② **부조급여** ··· 공무원 또는 그 가족의 사망과 재난으로 인한 주택피해 발생시 사용자인 국가 또는 지방자치단체가 부조적 차원에서 지급하는 급여

(3) 융자사업

구분	재원	내용
대여학자금	국가, 지방자치단체	공무원 본인 및 공무원 자녀의 대학 학자금 지원 (자녀수 무제한, 대학원 제외)
연금대출	공무원연금기금	• 일반대출 : 예상퇴직급여 1/2범위 내에서 1인당 최고 2천만원까지 지원(단기재직자는 보증보험 가입 시 2천만원까지 가능) • 사회정책적대출 : 미취학자녀 · 3자녀 양육 · 신혼부부 · 자녀결혼 · 노부모부양 · 장애인 및 장애인가족 부양 · 육아휴직 · 질병휴직 · 한부모가족 · 공무상요양 · 양자입양 대출은 최대 3천만원까지 지원 • 주택자금대출 : 주택구입 · 주택임차 대출은 최대 7천만원까지 지원
금융기관 알선대출	은행자금	공무원의 가계생활 안정 지원을 위하여 시중은행과 협약을 통한 우대금리를 적용하여 퇴직급여 1/2범위 내 최고 5,000만 원까지 융자알선 (금융기관 알선대출은 공무원연금기금과 상관없이 해당은행 자금으로 대출이 이루어지고 있으며, 공단에서는 융자추천서만 발급하고 있다)

(4) 주택사업

① **임대아파트** ··· 공단에서는 무주택공무원의 주거안정을 위하여 전국 49개 단지에 16,251세대를 임대주택으로 운영하고 있다.

② **임대후 분양아파트** ··· 공단에서는 무주택 공무원의 주거안정 및 주택마련 기회를 제공하기 위해 10년 임대 후 분양아파트를 운영하고 있다. 10년 임대 후 분양전환 주택이란 국가 또는 지방자치단체의 재정이나 국민주택 기금의 지원을 받아 건설하는 임대 주택으로서 임대 의무기간이 10년 이상이며, 임대기간 10년 이후에 분양전환 되는 임대주택을 말한다.

③ **국민주택알선** ··· 공단에서는 한국토지주택공사 및 지방공사에서 분양 및 임대하는 국민주택 등의 특별공급물량 중 일부를 배정받아 무주택 공무원에게 알선하고 있다.

④ **분양아파트** ··· 주택건설지역에 거주하는 무주택세대구성원 공무원 및 무주택세대구성원 공무원연금수급자에게 아파트를 분양하고 있다.

(5) 복지시설

공단에서는 공무원들의 복리를 증진시키고 건전한 여가선용과 심신단련을 위하여 다양한 후생복지시설을 건립해 운영하고 있다.

- 천안상록리조트
- 김해상록골프장
- 화성상록골프장
- 수안보상록호텔
- 남원상록골프장

(6) 후생복지

① 출산준비용품지원 : 공단에서는 공무원의 복지향상과 정부의 출산장려정책에 적극 부응하기 위해 임신·출산 공무원에게 출산준비용품을 지원한다.

② 민원담당 공무원 법률상담서비스 : 공단에서는 대민업무 처리과정에서 민원인과의 다툼 및 의견충돌 등으로 법적분쟁이 발생한 공무원의 고민해결을 위하여 「민원담당 공무원 법률상 담서비스」를 지원한다.

③ 가정친화 프로그램 : 공단에서는 공무원 및 가족의 심리적·육체적 스트레스 해소와 건강한 가족문화 형성을 위해 가족이 함께하는 체험활동을 지원한다.

(7) 제휴복지서비스

공무원 및 연금수급자(퇴직연금일시금 수령자 포함)의 후생복지를 지원하고자 여러 기업체 와 제휴를 통해 신용카드, 숙박(호텔, 콘도, 펜션), 여행, 건강검진, 상조, 쇼핑몰 등 20여종 의 다양한 서비스를 시중가격보다 저렴하게 이용할 수 있도록 하고 있다.

(8) 자금운용

금융자산운용은 안정적 연금급여 지급을 위하여 유동성·안정성 기반의 건실한 금융자산 운용을 목표로 다양한 금융상품에 분산투자하고 있다.

(9) 은퇴지원사업

고령사회와 인생 100세 시대로 은퇴준비의 필요성 인식 및 사회활동 수요 증가에 따라 공 무원이 건강하고 보람 있는 은퇴생활을 설계할 수 있도록 은퇴준비교육을 운영하고, 공직에서 축적된 다양한 경험과 전문성을 국가의 소중한 자원으로 인식하여 은퇴 후 사회에 기여할 수 있도록 지원하고 있다.

5 인재상

인재상	보람찬 공직, 안정된 미래! 공무원연금공단에서 열정을 가지고 끊임없이 도전하는 인재
창의	새로운 관점에서 도덕적 실행을 통해 혁신을 주도하는 인재
열정	애착감을 갖고 열성과 헌신으로 활력을 제공하는 인재
소통	진정성 있는 관심과 배려로 서로 존중하고 이끌어가는 인재

6 채용절차

서류전형 ⇨ 인성검사 및 필기시험 ⇨ 증빙서류 등록 · 검사 ⇨ 면접전형 ⇨ 합격자 발표

① 서류전형

　㉠ 평가기준 : 자격, 교육, 외국어 등 NCS 기반 능력평가

　㉡ 평가방법 : 정량평가(100%)

　　• 5급 : 자격사항(40점), 외국어능력(30점), 교육사항(30점), 우대사항(최대10점)

　　• 7급 : 자격사항(50점), 학업성적(50점), 우대사항(최대10점)

　　　※ 외국어능력은 TOEIC, New TEPS, TOELF(IBT)에 한해 인정, 청각장애인(기존 2, 3등급)
　　　은 청해성적을 제외한 환산기준에 따라 평가

② 필기시험

　㉠ 대상 : 서류전형 합격자

　㉡ 시험과목 : 5급－직업기초능력평가(60%), 전문지식(40%), 7급－직업기초능력평가(100%)

구분		시험과목	문항수
직업기초능력 (5급, 7급)		• 직무유형에 따른 행동역량 평가 －의사소통, 수리, 문제해결, 자원관리, 대인관계, 정보능력	60문항
전문 지식 (5급)	사무	(일반 / 보훈 / 장애전형 공통) • 경영 · 경제 / 행정 · 법학 / 인문 · 사회 / 통계 중 택1	40문항
	건축	• 건축학	
	전산	• 전산학	

　　※ 5급 사무(일반 · 보훈 · 장애전형) 응시자는 입사지원 시 전문지식 시험과목을 선택

ⓒ 전문지식 출제범위

구분	출제범위
사무	• 경영 · 경제 : 경영학원론(회계포함, 재무관리 제외), 경제학원론 • 행정 · 법학 : 행정학개론, 법학개론 • 인문 · 사회 : 사회복지학개론, 커뮤니케이션이론 • 통계 : 통계학 조사방법론
건축	건축학(건축계획, 건축시공, 건축구조, 건축설비, 건축관계법규 등 건축학 전반)
전산	JAVA 프로그램, 프로그래밍 언어, D/B, 알고리즘, S/W공학, Web 프로그래밍, N/T 등

ⓔ 선발인원 : 채용분야별 채용예정인원의 5~7배수 선발(3명 이상 5배수, 2명 이내 7배수)

② 면접전형

ㄱ 대상 : 필기시험 합격자 중 입사지원서 관련 내용에 대한 증빙서류 검증결과 이상이 없는 자

ㄴ 면접방법

구분	비중	평가방법
인성 · 경험면접	40%	인재상, 가치관, 경력, 경험 등 종합평가
직무수행능력면접	30%	PT를 통해 공단 직무 관련 직접적인 수행능력 평가
집단토론면접	30%	문제해결, 의사소통, 논리성 등 평가

※ 세부일정은 필기시험 합격자를 대상으로 채용 홈페이지를 통해 안내할 예정

02

관련기사

공무원연금공단, 세계 환경의 날 맞아 환경보호 실천

공공기관으로서 사회적 가치 실현을 위한 「지구지키기 캠페인」 펼쳐

공무원연금공단(이사장 정남준, 이하 '공단'이라 함)은 6월 5일 세계 환경의 날을 맞아 공단 임직원을 대상으로 환경보호 실천 「지구지키기 캠페인」 활동을 시작한다고 4일 밝혔다.

공단 임직원들의 일상생활 속 일회용 쓰레기 배출과 플라스틱 사용을 줄이기 위한 '환경보호 실천 캠페인'은 공공기관으로서 사회적 가치를 실현하고 임직원들의 동기부여 및 환경보호 의지를 전파하기 위해 실시하였다.

캠페인을 홍보하고 실천의지를 고취하기 위해 환경보호 실천 소확행(소소하지만 확실한 행동) 서약, 「지구지키기 캠페인」 1회용품 및 플라스틱 사용 줄이기라는 주제로 전개하였다.

환경보호 실천 소확행 서약에는 일회용품 및 플라스틱 사용 줄이기, 개인컵 사용 생활화하기, 비닐봉지 대신 장바구니 사용하기, 올바른 방법으로 쓰레기 분리배출하기 위한 실천 내용이 담겨져 있다

공단 관계자는 "나의 작은 노력이 우리의 환경을 살릴 수 있다는 자부심을 갖고 일회용품 사용을 줄이는 환경보호 실천 캠페인에 참여해 달라"고 말했다.

한편 공단은 정부의 그린뉴딜 정책에 동참하기 위하여 제주 환경 보전을 위한 클린올레, 바다 가꾸기 사업 참여, 구내식당 잔반 ZERO DAY 운영 및 매월 채식의 날 운영, 일회용 컵 사용 자제 및 텀블러 사용 등 직원 건강과 환경을 동시에 지켜나가는 저탄소 녹색생활에 적극 동참해 나갈 계획이다.

-2021. 6. 4.

면접질문	• 공단이 하는 일에 대해 아는대로 설명해보시오. • 공공기관이 사회적 가치를 실현하기 위해 해야 할 일에 대해 말해보시오.

공무원연금공단 – 대구광역자살예방센터 업무협약 체결

지역사회 정신건강 증진을 위한 생명지킴 보안관 양성

　공무원연금공단(이사장 정남준) 대구지부는 11일 대구광역정신건강복지센터/대구광역자살예방센터와 함께 지역사회 정신건강 증진과 자살예방을 위한 업무협약을 체결했다.

　두 기관은 이번 협약을 통해 생명지킴 보안관 양성을 위한 퇴직공무원 자원봉사자 지원 협력, 자살예방 게이트키퍼 양성교육 활성화, 자살예방 캠페인 활성화 등에 대해 상호간 공동 협력하여 지역사회 정신건강 및 자살예방 업무협력 체계를 구축하고 발전시켜 나가자 약속했다.

　공단 김동호 대구지부장은 "최근 코로나블루 확산으로 불안과 우울증, 무기력으로 인한 자살이 증가하고 있는 상황에서 은퇴공무원 봉사자들로 구성된 생명지킴 보안관을 활성화하여 정신건강의 중요성을 알리고 지역사회에 생명존중 문화가 확산되길 바란다."고 말했다.

　한편 공무원연금공단 대구지부는 지난 4월23일에 자살예방 생명지킴이 양성과정을 수료한 은퇴공무원 12명과 함께 생명지킴보안관 상록자원봉사단을 결성하여 자살예방 홍보 및 자살 고위험군 발굴 활동을 수행하고 있다.

–2021. 5. 11.

면접질문	• 다른 회사 혹은 다른 부서와의 협력에 대해 어떻게 생각하는가? • 공단이 져야할 사회적 책임에 대한 본인의 생각을 말해보시오.

PART II

직업기초능력평가

CHAPTER 01 의사소통능력

1 의사소통과 의사소통능력

(1) 의사소통

① 개념 … 사람들 간에 생각이나 감정, 정보, 의견 등을 교환하는 총체적인 행위로, 직장생활에서의 의사소통은 조직과 팀의 효율성과 효과성을 성취할 목적으로 이루어지는 구성원 간의 정보와 지식 전달 과정이라고 할 수 있다.

② 기능 … 공동의 목표를 추구해 나가는 집단 내의 기본적 존재 기반이며 성과를 결정하는 핵심 기능이다.

③ 의사소통의 종류
  ㉠ 언어적인 것 : 대화, 전화통화, 토론 등
  ㉡ 문서적인 것 : 메모, 편지, 기획안 등
  ㉢ 비언어적인 것 : 몸짓, 표정 등

④ 의사소통을 저해하는 요인 … 정보의 과다, 메시지의 복잡성 및 메시지 간의 경쟁, 상이한 직위와 과업지향형, 신뢰의 부족, 의사소통을 위한 구조상의 권한, 잘못된 매체의 선택, 폐쇄적인 의사소통 분위기 등

(2) 의사소통능력

① 개념 … 의사소통능력은 직장생활에서 문서나 상대방이 하는 말의 의미를 파악하는 능력, 자신의 의사를 정확하게 표현하는 능력, 간단한 외국어 자료를 읽거나 외국인의 의사표시를 이해하는 능력을 포함한다.

② 의사소통능력 개발을 위한 방법
  ㉠ 사후검토와 피드백을 활용한다.
  ㉡ 명확한 의미를 가진 이해하기 쉬운 단어를 선택하여 이해도를 높인다.
  ㉢ 적극적으로 경청한다.
  ㉣ 메시지를 감정적으로 곡해하지 않는다.

2 의사소통능력을 구성하는 하위능력

(1) 문서이해능력

① 문서와 문서이해능력
  ㉠ 문서 : 제안서, 보고서, 기획서, 이메일, 팩스 등 문자로 구성된 것으로 상대방에게 의사를 전달하여 설득하는 것을 목적으로 한다.
  ㉡ 문서이해능력 : 직업현장에서 자신의 업무와 관련된 문서를 읽고, 내용을 이해하고 요점을 파악할 수 있는 능력을 말한다.

예제 1

다음은 신용카드 약관의 주요내용이다. 규정 약관을 제대로 이해하지 못한 사람은?

> [부가서비스]
> 카드사는 법령에서 정한 경우를 제외하고 상품을 새로 출시한 후 1년 이내에 부가서비스를 줄이거나 없앨 수가 없다. 또한 부가서비스를 줄이거나 없앨 경우에는 그 세부내용을 변경일 6개월 이전에 회원에게 알려주어야 한다.
> [중도 해지 시 연회비 반환]
> 연회비 부과기간이 끝나기 이전에 카드를 중도해지하는 경우 남은 기간에 해당하는 연회비를 계산하여 10 영업일 이내에 돌려줘야 한다. 다만, 카드 발급 및 부가서비스 제공에 이미 지출된 비용은 제외된다.
> [카드 이용한도]
> 카드 이용한도는 카드 발급을 신청할 때에 회원이 신청한 금액과 카드사의 심사 기준을 종합적으로 반영하여 회원이 신청한 금액 범위 이내에서 책정되며 회원의 신용도가 변동되었을 때에는 카드사는 회원의 이용한도를 조정할 수 있다.
> [부정사용 책임]
> 카드 위조 및 변조로 인하여 발생된 부정사용 금액에 대해서는 카드사가 책임을 진다. 다만, 회원이 비밀번호를 다른 사람에게 알려주거나 카드를 다른 사람에게 빌려주는 등의 중대한 과실로 인해 부정사용이 발생하는 경우에는 회원이 그 책임의 전부 또는 일부를 부담할 수 있다.

① 혜수 : 카드사는 법령에서 정한 경우를 제외하고는 1년 이내에 부가서비스를 줄일 수 없어.
② 진성 : 카드 위조 및 변조로 인하여 발생된 부정사용 금액은 일괄 카드사가 책임을 지게 돼.
③ 영훈 : 회원의 신용도가 변경되었을 때 카드사가 이용한도를 조정할 수 있어.
④ 영호 : 연회비 부과기간이 끝나기 이전에 카드를 중도 해지하는 경우에는 남은 기간에 해당하는 연회비를 카드사는 돌려줘야 해.

[출제의도]
주어진 약관의 내용을 읽고 그에 대한 상세 내용의 정보를 이해하는 능력을 측정하는 문항이다.
[해설]
② 부정사용에 대해 고객의 과실이 있으면 회원이 그 책임의 전부 또는 일부를 부담할 수 있다.

답 ②

② 문서의 종류

　　㉠ 공문서 : 정부기관에서 공무를 집행하기 위해 작성하는 문서로, 단체 또는 일반회사에서 정부기관을 상대로 사업을 진행할 때 작성하는 문서도 포함된다. 엄격한 규격과 양식이 특징이다.

　　㉡ 기획서 : 아이디어를 바탕으로 기획한 프로젝트에 대해 상대방에게 전달하여 시행하도록 설득하는 문서이다.

　　㉢ 기안서 : 업무에 대한 협조를 구하거나 의견을 전달할 때 작성하는 사내 공문서이다.

　　㉣ 보고서 : 특정한 업무에 관한 현황이나 진행 상황, 연구 · 검토 결과 등을 보고하고자 할 때 작성하는 문서이다.

　　㉤ 설명서 : 상품의 특성이나 작동 방법 등을 소비자에게 설명하기 위해 작성하는 문서이다.

　　㉥ 보도자료 : 정부기관이나 기업체 등이 언론을 상대로 자신들의 정보를 기사화 되도록 하기 위해 보내는 자료이다.

　　㉦ 자기소개서 : 개인이 자신의 성장과정이나, 입사 동기, 포부 등에 대해 구체적으로 기술하여 자신을 소개하는 문서이다.

　　㉧ 비즈니스 레터(E-mail) : 사업상의 이유로 고객에게 보내는 편지다.

　　㉨ 비즈니스 메모 : 업무상 확인해야 할 일을 메모형식으로 작성하여 전달하는 글이다.

③ 문서이해의 절차 … 문서의 목적 이해→문서 작성 배경 · 주제 파악→정보 확인 및 현안문제 파악→문서 작성자의 의도 파악 및 자신에게 요구되는 행동 분석→목적 달성을 위해 취해야 할 행동 고려→문서 작성자의 의도를 도표나 그림 등으로 요약 · 정리

(2) 문서작성능력

① 작성되는 문서에는 대상과 목적, 시기, 기대효과 등이 포함되어야 한다.

② 문서작성의 구성요소

　　㉠ 짜임새 있는 골격, 이해하기 쉬운 구조

　　㉡ 객관적이고 논리적인 내용

　　㉢ 명료하고 설득력 있는 문장

　　㉣ 세련되고 인상적인 레이아웃

다음은 들은 내용을 구조적으로 정리하는 방법이다. 순서에 맞게 배열하면?

> ⊙ 관련 있는 내용끼리 묶는다.
> ⓒ 묶은 내용에 적절한 이름을 붙인다.
> ⓒ 전체 내용을 이해하기 쉽게 구조화한다.
> ② 중복된 내용이나 덜 중요한 내용을 삭제한다.

① ㉠ⓒⓒ②   ② ㉠ⓒ②ⓒ
③ ⓒ㉠ⓒ②   ④ ⓒ㉠②ⓒ

[출제의도]
음성정보는 문자정보와는 달리 쉽게 잊혀 지기 때문에 음성정보를 구조화 시키는 방법을 묻는 문항이다.
[해설]
내용을 구조적으로 정리하는 방법은 '㉠ 관련 있는 내용끼리 묶는다. → ⓒ 묶은 내용에 적절한 이름을 붙인다. → ② 중복된 내용이나 덜 중요한 내용을 삭제한다. → ⓒ 전체 내용을 이해하기 쉽게 구조화한다.'가 적절하다.

답 ②

③ 문서의 종류에 따른 작성방법
  ㉠ 공문서
  • 육하원칙이 드러나도록 써야 한다.
  • 날짜는 반드시 연도와 월, 일을 함께 언급하며, 날짜 다음에 괄호를 사용할 때는 마침표를 찍지 않는다.
  • 대외문서이며, 장기간 보관되기 때문에 정확하게 기술해야 한다.
  • 내용이 복잡할 경우 '−다음−', '−아래−'와 같은 항목을 만들어 구분한다.
  • 한 장에 담아내는 것을 원칙으로 하며, 마지막엔 반드시 '끝'자로 마무리 한다.
  ⓒ 설명서
  • 정확하고 간결하게 작성한다.
  • 이해하기 어려운 전문용어의 사용은 삼가고, 복잡한 내용은 도표화 한다.
  • 명령문보다는 평서문을 사용하고, 동어 반복보다는 다양한 표현을 구사하는 것이 바람직하다.
  ⓒ 기획서
  • 상대를 설득하여 기획서가 채택되는 것이 목적이므로 상대가 요구하는 것이 무엇인지 고려하여 작성하며, 기획의 핵심을 잘 전달하였는지 확인한다.
  • 분량이 많을 경우 전체 내용을 한눈에 파악할 수 있도록 목차구성을 신중히 한다.
  • 효과적인 내용 전달을 위한 표나 그래프를 적절히 활용하고 산뜻한 느낌을 줄 수 있도록 한다.
  • 인용한 자료의 출처 및 내용이 정확해야 하며 제출 전 충분히 검토한다.

ⓡ 보고서
- 도출하고자 한 핵심내용을 구체적이고 간결하게 작성한다.
- 내용이 복잡할 경우 도표나 그림을 활용하고, 참고자료는 정확하게 제시한다.
- 제출하기 전에 최종점검을 하며 질의를 받을 것에 대비한다.

예제 3

다음 중 공문서 작성에 대한 설명으로 가장 적절하지 못한 것은?

① 공문서나 유가증권 등에 금액을 표시할 때에는 한글로 기재하고 그 옆에 괄호를 넣어 숫자로 표기한다.
② 날짜는 숫자로 표기하되 년, 월, 일의 글자는 생략하고 그 자리에 온점(.)을 찍어 표시한다.
③ 첨부물이 있는 경우에는 붙임 표시문 끝에 1자 띄우고 "끝."이라고 표시한다.
④ 공문서의 본문이 끝났을 경우에는 1자를 띄우고 "끝."이라고 표시한다.

[출제의도]
업무를 할 때 필요한 공문서 작성법을 잘 알고 있는지를 측정하는 문항이다.
[해설]
공문서 금액 표시
아라비아 숫자로 쓰고, 숫자 다음에 괄호를 하여 한글로 기재한다.
예) 금 123,456원(금 일십이만삼천사백오십육원)

답 ①

---

④ 문서작성의 원칙
  ㉠ 문장은 짧고 간결하게 작성한다(간결체 사용).
  ㉡ 상대방이 이해하기 쉽게 쓴다.
  ㉢ 불필요한 한자의 사용을 자제한다.
  ㉣ 문장은 긍정문의 형식을 사용한다.
  ㉤ 간단한 표제를 붙인다.
  ㉥ 문서의 핵심내용을 먼저 쓰도록 한다(두괄식 구성).

⑤ 문서작성 시 주의사항
  ㉠ 육하원칙에 의해 작성한다.
  ㉡ 문서 작성시기가 중요하다.
  ㉢ 한 사안은 한 장의 용지에 작성한다.
  ㉣ 반드시 필요한 자료만 첨부한다.
  ㉤ 금액, 수량, 일자 등은 기재에 정확성을 기한다.
  ㉥ 경어나 단어사용 등 표현에 신경 쓴다.
  ㉦ 문서작성 후 반드시 최종적으로 검토한다.

⑥ 효과적인 문서작성 요령

   ㉠ 내용이해 : 전달하고자 하는 내용과 핵심을 정확하게 이해해야 한다.

   ㉡ 목표설정 : 전달하고자 하는 목표를 분명하게 설정한다.

   ㉢ 구성 : 내용 전달 및 설득에 효과적인 구성과 형식을 고려한다.

   ㉣ 자료수집 : 목표를 뒷받침할 자료를 수집한다.

   ㉤ 핵심전달 : 단락별 핵심을 하위목차로 요약한다.

   ㉥ 대상파악 : 대상에 대한 이해와 분석을 통해 철저히 파악한다.

   ㉦ 보충설명 : 예상되는 질문을 정리하여 구체적인 답변을 준비한다.

   ㉧ 문서표현의 시각화 : 그래프, 그림, 사진 등을 적절히 사용하여 이해를 돕는다.

(3) 경청능력

① 경청의 중요성 … 경청은 다른 사람의 말을 주의 깊게 들으며 공감하는 능력으로 경청을 통해 상대방을 한 개인으로 존중하고 성실한 마음으로 대하게 되며, 상대방의 입장에 공감하고 이해하게 된다.

② 경청을 방해하는 습관 … 짐작하기, 대답할 말 준비하기, 걸러내기, 판단하기, 다른 생각하기, 조언하기, 언쟁하기, 옳아야만 하기, 슬쩍 넘어가기, 비위 맞추기 등

③ 효과적인 경청방법

   ㉠ 준비하기 : 강연이나 프레젠테이션 이전에 나누어주는 자료를 읽어 미리 주제를 파악하고 등장하는 용어를 익혀둔다.

   ㉡ 주의 집중 : 말하는 사람의 모든 것에 집중해서 적극적으로 듣는다.

   ㉢ 예측하기 : 다음에 무엇을 말할 것인가를 추측하려고 노력한다.

   ㉣ 나와 관련짓기 : 상대방이 전달하고자 하는 메시지를 나의 경험과 관련지어 생각해 본다.

   ㉤ 질문하기 : 질문은 듣는 행위를 적극적으로 하게 만들고 집중력을 높인다.

   ㉥ 요약하기 : 주기적으로 상대방이 전달하려는 내용을 요약한다.

   ㉦ 반응하기 : 피드백을 통해 의사소통을 점검한다.

예제 4

다음은 면접스터디 중 일어난 대화이다. 민아의 고민을 해소하기 위한 조언으로 가장 적절한 것은?

지섭 : 민아씨, 어디 아파요? 표정이 안 좋아 보여요.

민아 : 제가 원서 넣은 공단이 내일 면접이어서요. 그동안 스터디를 통해서 면접 연습을 많이 했는데도 벌써부터 긴장이 되네요.

지섭 : 민아씨는 자기 의견도 명확히 피력할 줄 알고 조리 있게 설명을 잘 하시니 걱정 안하셔도 될 것 같아요. 아, 손에 꽉 쥐고 계신 건 뭔가요?

민아 : 아, 제가 예상 답변을 정리해서 모아둔거에요. 내용은 거의 외웠는데 이렇게 쥐고 있지 않으면 불안해서

지섭 : 그 정도로 준비를 철저히 하셨으면 걱정할 이유 없을 것 같아요.

민아 : 그래도 압박면접이거나 예상치 못한 질문이 들어오면 어떻게 하죠?

지섭 : _____

---

① 시선을 적절히 처리하면서 부드러운 어투로 말하는 연습을 해보는 건 어때요?
② 공식적인 자리인 만큼 옷차림을 신경 쓰는 게 좋을 것 같아요.
③ 당황하지 말고 질문자의 의도를 잘 파악해서 침착하게 대답하면 되지 않을까요?
④ 예상 질문에 대한 답변을 좀 더 정확하게 외워보는 건 어떨까요?

(4) 의사표현능력

① 의사표현의 개념과 종류

　㉠ 개념 : 화자가 자신의 생각과 감정을 청자에게 음성언어나 신체언어로 표현하는 행위이다.

　㉡ 종류

　　• 공식적 말하기 : 사전에 준비된 내용을 대중을 대상으로 말하는 것으로 연설, 토의, 토론 등이 있다.

　　• 의례적 말하기 : 사회·문화적 행사에서와 같이 절차에 따라 하는 말하기로 식사, 주례, 회의 등이 있다.

　　• 친교적 말하기 : 친근한 사람들 사이에서 자연스럽게 주고받는 대화 등을 말한다.

② 의사표현의 방해요인

　㉠ 연단공포증 : 연단에 섰을 때 가슴이 두근거리거나 땀이 나고 얼굴이 달아오르는 등의 현상으로 충분한 분석과 준비, 더 많은 말하기 기회 등을 통해 극복할 수 있다.

ⓛ 말 : 말의 장단, 고저, 발음, 속도, 쉼 등을 포함한다.

ⓒ 음성 : 목소리와 관련된 것으로 음색, 고저, 명료도, 완급 등을 의미한다.

ⓡ 몸짓 : 비언어적 요소로 화자의 외모, 표정, 동작 등이다.

ⓜ 유머 : 말하기 상황에 따른 적절한 유머를 구사할 수 있어야 한다.

③ 상황과 대상에 따른 의사표현법

ⓐ **잘못을 지적할 때** : 모호한 표현을 삼가고 확실하게 지적하며, 당장 꾸짖고 있는 내용에만 한정한다.

ⓛ **칭찬할 때** : 자칫 아부로 여겨질 수 있으므로 센스 있는 칭찬이 필요하다.

ⓒ **부탁할 때** : 먼저 상대방의 사정을 듣고 응하기 쉽게 구체적으로 부탁하며 거절을 당해도 싫은 내색을 하지 않는다.

ⓡ **요구를 거절할 때** : 먼저 사과하고 응해줄 수 없는 이유를 설명한다.

ⓜ **명령할 때** : 강압적인 말투보다는 '○○을 이렇게 해주는 것이 어떻겠습니까?'와 같은 식으로 부드럽게 표현하는 것이 효과적이다.

ⓗ **설득할 때** : 일방적으로 강요하기보다는 먼저 양보해서 이익을 공유하겠다는 의지를 보여주는 것이 좋다.

ⓢ **충고할 때** : 충고는 가장 최후의 방법이다. 반드시 충고가 필요한 상황이라면 예화를 들어 비유적으로 깨우쳐주는 것이 바람직하다.

ⓞ **질책할 때** : 샌드위치 화법(칭찬의 말 + 질책의 말 + 격려의 말)을 사용하여 청자의 반발을 최소화 한다.

예제 5

당신은 팀장님께 업무 지시내용을 수행하고 결과물을 보고 드렸다. 하지만 팀장님께서는 "최대리 업무를 이렇게 처리하면 어떡하나? 누락된 부분이 있지 않은가."라고 말하였다. 이에 대해 당신이 행할 수 있는 가장 부적절한 대처 자세는?

① "죄송합니다. 제가 잘 모르는 부분이라 이수혁 과장님께 부탁을 했는데 과장님께서 실수를 하신 것 같습니다."

② "주의를 기울이지 못해 죄송합니다. 어느 부분을 수정보완하면 될까요?"

③ "지시하신 내용을 제가 충분히 이해하지 못하였습니다. 내용을 다시 한 번 여쭤보아도 되겠습니까?"

④ "부족한 내용을 보완하는 자료를 취합하기 위해서 하루정도가 더 소요될 것 같습니다. 언제까지 재작성하여 드리면 될까요?"

[출제의도]
상사가 잘못을 지적하는 상황에서 어떻게 대처해야 하는지를 묻는 문항이다.

[해설]
상사가 부탁한 지시사항을 다른 사람에게 부탁하는 것은 옳지 못하며 설사 그렇다고 해도 그 일의 과오에 대해 책임을 전가하는 것은 지양해야 할 자세이다.

답 ①

④ 원활한 의사표현을 위한 지침
- ㉠ 올바른 화법을 위해 독서를 하라.
- ㉡ 좋은 청중이 되라.
- ㉢ 칭찬을 아끼지 마라.
- ㉣ 공감하고, 긍정적으로 보이게 하라.
- ㉤ 겸손은 최고의 미덕임을 잊지 마라.
- ㉥ 과감하게 공개하라.
- ㉦ 뒷말을 숨기지 마라.
- ㉧ 첫마디 말을 준비하라.
- ㉨ 이성과 감성의 조화를 꾀하라.
- ㉩ 대화의 룰을 지켜라.
- ㉪ 문장을 완전하게 말하라.

⑤ 설득력 있는 의사표현을 위한 지침
- ㉠ 'Yes'를 유도하여 미리 설득 분위기를 조성하라.
- ㉡ 대비 효과로 분발심을 불러 일으켜라.
- ㉢ 침묵을 지키는 사람의 참여도를 높여라.
- ㉣ 여운을 남기는 말로 상대방의 감정을 누그러뜨려라.
- ㉤ 하던 말을 갑자기 멈춤으로써 상대방의 주의를 끌어라.
- ㉥ 호칭을 바꿔서 심리적 간격을 좁혀라.
- ㉦ 끄집어 말하여 자존심을 건드려라.
- ㉧ 정보전달 공식을 이용하여 설득하라.
- ㉨ 상대방의 불평이 가져올 결과를 강조하라.
- ㉩ 권위 있는 사람의 말이나 작품을 인용하라.
- ㉪ 약점을 보여 주어 심리적 거리를 좁혀라.
- ㉫ 이상과 현실의 구체적 차이를 확인시켜라.
- ㉬ 자신의 잘못도 솔직하게 인정하라.
- ㉭ 집단의 요구를 거절하려면 개개인의 의견을 물어라.
- ⓐ 동조 심리를 이용하여 설득하라.
- ⓑ 지금까지의 노고를 치하한 뒤 새로운 요구를 하라.
- ⓒ 담당자가 대변자 역할을 하도록 하여 윗사람을 설득하게 하라.
- ⓓ 겉치레 양보로 기선을 제압하라.
- ⓔ 변명의 여지를 만들어 주고 설득하라.
- ⓕ 혼자 말하는 척하면서 상대의 잘못을 지적하라.

(5) 기초외국어능력

① 기초외국어능력의 개념과 필요성
    ㉠ 개념 : 기초외국어능력은 외국어로 된 간단한 자료를 이해하거나, 외국인과의 전화응대와 간단한 대화 등 외국인의 의사표현을 이해하고, 자신의 의사를 기초외국어로 표현할 수 있는 능력이다.
    ㉡ 필요성 : 국제화·세계화 시대에 다른 나라와의 무역을 위해 우리의 언어가 아닌 국제적인 통용어를 사용하거나 그들의 언어로 의사소통을 해야 하는 경우가 생길 수 있다.

② 외국인과의 의사소통에서 피해야 할 행동
    ㉠ 상대를 볼 때 흘겨보거나, 노려보거나, 아예 보지 않는 행동
    ㉡ 팔이나 다리를 꼬는 행동
    ㉢ 표정이 없는 것
    ㉣ 다리를 흔들거나 펜을 돌리는 행동
    ㉤ 맞장구를 치지 않거나 고개를 끄덕이지 않는 행동
    ㉥ 생각 없이 메모하는 행동
    ㉦ 자료만 들여다보는 행동
    ㉧ 바르지 못한 자세로 앉는 행동
    ㉨ 한숨, 하품, 신음소리를 내는 행동
    ㉩ 다른 일을 하며 듣는 행동
    ㉪ 상대방에게 이름이나 호칭을 어떻게 부를지 묻지 않고 마음대로 부르는 행동

③ 기초외국어능력 향상을 위한 공부법
    ㉠ 외국어공부의 목적부터 정하라.
    ㉡ 매일 30분씩 눈과 손과 입에 밸 정도로 반복하라.
    ㉢ 실수를 두려워하지 말고 기회가 있을 때마다 외국어로 말하라.
    ㉣ 외국어 잡지나 원서와 친해져라.
    ㉤ 소홀해지지 않도록 라이벌을 정하고 공부하라.
    ㉥ 업무와 관련된 주요 용어의 외국어는 꼭 알아두자.
    ㉦ 출퇴근 시간에 외국어 방송을 보거나, 듣는 것만으로도 귀가 트인다.
    ㉧ 어린이가 단어를 배우듯 외국어 단어를 암기할 때 그림카드를 사용해 보라.
    ㉨ 가능하면 외국인 친구를 사귀고 대화를 자주 나눠 보라.

출제예상문제

1 다음은 사망조위금과 재해부조금에 관한 정보이다. 이를 참고로 하여 고객의 질문에 답변한 내용으로 옳지 않은 것은?

〈사망조위금〉

• 지급요건 : 사망조위금은 공무원 본인이 사망하거나 공무원의 배우자나 부모(배우자의 부모를 포함) 또는 자녀가 사망한 경우에 지급
• 지급범위 및 기준액
–공무원 본인 사망시 : 본인 기준소득월액의 1.95배
–공무원 배우자, 부모(배우자의 부모 포함), 자녀 사망시 : 공무원전체 기준소득월액 평균액의 0.65배
• 청구절차
–국가직 공무원 : 공무원이 청구서에 첨부서류를 구비하여 공단(지부)에 청구
–지방직 또는 교육직 공무원 : 공무원이 청구서에 첨부서류를 구비하여 해당 지방자치단체 또는 교육지원청에 청구
• 구비서류 : 사망조위금청구서, 사망자 기본증명서(사망정리가 되지 않은 경우 사망진단서), 가족관계증명서(배우자 부모사망시 배우자의 가족관계 증명서), 혼인관계증명서(배우자의 부모 사망시)
• 사망조위금 청구시효 : 3년

〈재해부조금〉

• 지급요건 : 재해부조금은 공무원의 재산이 수재, 화재 기타 재해로 인하여 손해를 입은 때에 지급
• 재해 및 재산의 범위
–재해의 범위 : 화재·홍수·호우·폭설·폭풍·해일과 이에 준하는 자연적 또는 인위적 현상으로 입은 피해
–재산의 범위 : 공무원 또는 그 배우자 소유의 주택이나 공무원이 상시 거주하는 주택으로서 공무원 또는 그 배우자의 직계존비속 소유의 주택
• 재해정도별 부조금액
–주택이 완전소실·유실 또는 파괴된 경우 : 공무원전체 기준소득월액 평균액의 3.9배
–주택의 1/2이상 소실·유실 또는 파괴된 경우 : 공무원전체 기준소득월액 평균액의 2.6배
–주택의 1/3이상 소실·유실 또는 파괴된 경우 : 공무원전체 기준소득월액 평균액의 1.3배

> • 지급절차
> − 국가직 공무원 : 공무원이 청구서에 첨부서류를 구비하여 공단(지부)에 청구
> − 지방직 또는 교육직 공무원 : 공무원이 청구서에 첨부서류를 구비하여 해당 지방자치단체 또는 교육지원청에 청구
> • 구비서류 : 재해부조금청구서, 피해상황확인서, 건축물대장, 주민등록등본(청구인 및 그 배우자의 직계존비속 소유 주택인 경우에 한함)
> • 재해부조금 청구시효 : 3년

① Q : 외할머니가 돌아가셨는데 사망조위금 청구가 가능한가요?

   A : 사망조위금은 공무원 본인이 사망하거나 공무원의 배우자나 부모(배우자의 부모를 포함) 또는 자녀가 사망한 경우에 지급하는 것이므로 외할머니가 돌아가신 경우는 청구하실 수 없습니다.

② Q : 사망조위금과 재해부조금의 청구시효를 알고 싶어요.

   A : 사망조위금과 재해부조금의 청구시효는 3년입니다.

③ Q : 수해로 인해 단순 침수 피해를 입었는데, 이 경우에도 재해부조금 청구가 가능한가요?

   A : 재해부조금은 재해로 인해 소실·유실·파괴된 경우 지급하는 것으로 단순 침수 피해인 경우에는 재해부조금을 청구하실 수 없습니다.

④ Q : 지방직 공무원이 재해부조금을 청구하려면 어떻게 해야하나요?

   A : 청구서에 첨부서류를 구비하여 공단(지부)에 청구하시면 됩니다.

    TIP 》 ④ 지방직 또는 교육직 공무원 은 공무원이 청구서에 첨부서류를 구비하여 해당 지방자치단체 또는 교육지원청에 청구하여야 한다.

ANSWER 〉 1.④

2 다음은 어느 공사의 서비스 이행표준에 관한 내용이다. 다음 이행표준을 준수한 행동은?

> **공사를 방문하는 경우**
> - 우리는 항상 밝고 친절한 모습과 존중하는 마음가짐으로 고객을 맞이하겠습니다.
> - 모든 사무실 입구에 직원 사진, 담당 업무를 표시한 좌석배치도를 게시하여 고객이 담당직원을 쉽게 찾을 수 있도록 하겠습니다.
> - 각 부서에서는 고객이 지체하지 않고 신속한 안내를 받으실 수 있도록 하겠습니다.
> - 모든 직원은 먼저 자신의 이름을 밝히고, 대화 시에는 공손한 태도와 정중하고 이해하기 쉬운 언어를 사용하도록 하겠습니다.
> - 방문고객에 대해서는 기다리시지 않도록 다른 업무중이라도 우선 배려하겠습니다. 부득이한 경우에도 5분 이상 기다리시는 일이 없도록 하겠습니다.
> - 담당직원이 출장, 휴가 등으로 자리를 비운 경우에는 다른 직원이 상담 및 업무를 처리해 드리도록 하겠습니다.
> - 사무실마다 고객을 위한 공간을 항상 청결하고 쾌적한 상태로 유지하여 고객이 이용하시는데 불편이 없도록 하겠습니다.
>
> **잘못된 서비스에 대한 개선**
> - 업무처리 과정에서 공사 직원이 불친절했거나 만족하지 못한 서비스를 제공 했을 경우, "고객마당 클린신고센터"로 알려주시면 즉시 조치하여 향후 재발되는 일이 없도록 하겠습니다.
> - 잘못된 서비스와 관련하여 제안사항이 있을 경우에도 '고객마당 제안게시판'으로 알려주시면 즉시 검토하여 결과를 통보해 드리겠습니다.
> - 불친절했거나 만족스러운 서비스를 제공하지 못한 직원에 대해서는 교육을 실시하여 올바른 서비스를 실천토록 하고, 시정이 되지 않을 경우에는 필요 시 인사상 불이익 등의 조치를 취하도록 하겠습니다.
> - 우리의 서비스 수준에 관한 불평·불만은 접수된 날로부터 7일 이내에 시정하여 그 결과를 통보해 드리겠습니다. 만일 7일 이상 시일이 소요된다고 판단되면 먼저 예상소요기간을 통지해 드린 후 중간 진행상황을 알려드리겠습니다.
> - 제도 및 운영의 개선에 관한 건의에 대하여는 다른 법령이나 규정에 있는 경우를 제외하고는 14일 이내에 그 처리결과를 통지하겠습니다.
> - 담당직원의 착오나 업무 미숙으로 인하여 공사를 2번 이상 방문하신 고객께는 예산의 범위 내에서 1만원상당으로 보상해 드리고, 담당직원이 해당 업무를 최우선적으로 처리하겠습니다.

① 사원 A는 업무 중에 공사를 방문한 고객을 10분 기다리게 하였다.

② 사원 B는 업무 미숙으로 공사를 3번 방문하신 고객에게 5천원 도서상품권으로 보상해 드렸다.

③ 사원 C는 서비스에 관한 불만이 접수되어 10일이 지난 후에 시정하였다.

④ 담당직원의 출장으로 인해 옆 자리에 있는 사원 D가 고객의 업무를 처리해 드렸다.

> **TIP** 》 ① 부득이한 경우에도 5분 이상 기다리시는 일이 없도록 한다.
>
> ② 담당직원의 착오나 업무 미숙으로 인하여 공사를 2번 이상 방문하신 고객께는 예산의 범위 내에서 1만원상당으로 보상해 드린다.
>
> ③ 서비스 수준에 관한 불평·불만은 접수된 날로부터 7일 이내에 시정하여 그 결과를 통보해 드린다.

3 다음은 어느 공단의 공익신고 처리절차에 관한 내용이다. 밑줄친 단어를 한자로 바꾸어 쓴 것으로 옳지 않은 것은?

> - 신고내용이 공익침해행위로 확인된 경우 신고사항을 공익신고 기관(국민권익위원회, 조사기관, 수사기관) 중 하나에 사유발생 14일 이내에 <u>송부</u>
> - 신고사항을 송부한 공익신고 기관에서 결과통보를 받은 즉시 공익신고자에게 문서로 결과 <u>통지</u>
> - 공단과 관련된 공익침해행위인 경우 그 제거 및 예방을 위한 조치방안을 마련 및 시행하고 공익신고자에게 그 조치 결과를 통지
> - 공익신고자가 처리결과에 이의가 있을 경우 조사결과를 통지를 받은 날부터 14일 이내에 <u>방문</u>·우편·인터넷·팩스 등의 방법으로 <u>이의</u>신청 → 이의신청을 검토한 후 그 처리결과를 신고자에게 지체없이 통지
> - 신고내용이 공익침해행위에 해당하지 않는 것은 일반민원으로 접수하여 처리

① 송부 – 送付
② 통지 – 通知
③ 방문 – 方文
④ 이의 – 異議

> **TIP** 》 방문(訪問) : 어디를 찾아가 봄, 사람을 찾아가 만남
>
> 방문(方文) : 약을 짓도록 약의 이름과 분량 따위를 적은 종이

ANSWER 〉 2.④ 3.③

4 다음은 안전한 스마트뱅킹을 위한 스마트폰 정보보호 이용자 6대 안전수칙이다. 다음 안전수칙에 따르지 않은 행동은?

1. 의심스러운 애플리케이션 다운로드하지 않기

   스마트폰용 악성코드는 위·변조된 애플리케이션에 의해 유포될 가능성이 있습니다. 따라서 의심스러운 애플리케이션의 다운로드를 자제하시기 바랍니다.

2. 신뢰할 수 없는 사이트 방문하지 않기

   의심스럽거나 알려지지 않은 사이트를 방문할 경우 정상 프로그램으로 가장한 악성 프로그램이 사용자 몰래 설치될 수 있습니다. 인터넷을 통해 단말기가 악성코드에 감염되는 것을 예방하기 위해서 신뢰할 수 없는 사이트에는 방문 하지 않도록 합니다.

3. 발신인이 불명확하거나 의심스러운 메시지 및 메일 삭제하기

   멀티미디어메세지(MMS)와 이메일은 첨부파일 기능을 제공하기 때문에 스마트폰 악성코드를 유포하기 위한 좋은 수단으로 사용되고 있습니다. 해커들은 게임이나 공짜 경품지급, 혹은 유명인의 사생활에 대한 이야기 등 자극적이거나 흥미로운 내용을 전달하여 사용자를 현혹하는 방법으로 악성코드를 유포하고 있습니다. 발신인이 불명확하거나 의심스러운 메시지 및 메일은 열어보지 마시고 즉시 삭제하시기 바랍니다.

4. 블루투스 등 무선인터페이스는 사용 시에만 켜놓기

   지금까지 국외에서 발생한 스마트폰 악성코드의 상당수가 무선인터페이스의 일종인 블루투스(Bluetooth) 기능을 통해 유포된 것으로 조사되고 있습니다. 따라서 블루투스나 무선랜을 사용하지 않을 경우에는 해당 기능을 비활성화(꺼놓음) 하는 것이 필요합니다. 이로써 악성코드 감염 가능성을 줄일 뿐만 아니라 단말기의 불필요한 배터리 소모를 막을 수 있습니다.

5. 다운로드한 파일은 바이러스 유무를 검사한 후 사용하기

   스마트폰용 악성프로그램은 인터넷을 통해 특정 프로그램이나 파일에 숨겨져 유포될 수 있으므로, 프로그램이나 파일을 다운로드하여 실행하고자 할 경우 가급적 스마트폰용 백신프로그램으로 바이러스 유무를 검사한 후 사용하는 것이 좋습니다.

6. 비밀번호 설정 기능을 이용하고 정기적으로 비밀번호 변경하기

   단말기를 분실 혹은 도난당했을 경우 개인정보가 유출되는 것을 방지하기 위하여 단말기 비밀번호를 설정하여야 합니다. 또한 단말기를 되찾은 경우라도 악의를 가진 누군가에 의해 악성코드가 설치될 수 있기 때문에 비밀번호 설정은 중요합니다. 제품출시 시 기본으로 제공되는 비밀번호(예 : "0000")를 반드시 변경하여 사용하시기 바라며, 비밀번호를 설정할 때에는 유추하기 쉬운 비밀번호(예 : "1111", "1234" 등)는 사용하지 않도록 합니다.

① 봉순이는 유명인 A씨에 대한 사생활 내용이 담긴 MMS를 받아서 열어보고선 삭제했다.

② 형식이는 개인정보 유출을 방지하기 위해 1개월에 한번 씩 비밀번호를 변경하고 있다.

③ 음악을 즐겨듣는 지수는 블루투스를 사용하지 않을 때에는 항상 블루투스를 꺼놓는다.

④ 평소 의심이 많은 봉기는 신뢰할 수 없는 사이트는 절대 방문하지 않는다.

    TIP 》 ① 발신인이 불명확하거나 의심스러운 메시지 및 메일은 열어보지 말고 즉시 삭제해야 한다.

5   다음은 주문과 다른 물건을 배송 받은 Mr. Hopkins에게 보내는 사과문이다. 순서를 바르게 나열한 것은?

> Dear Mr. Hopkins
> a. We will send you the correct items free of delivery charge.
> b. We are very sorry to hear that you received the wrong order.
> c. Once again, please accept our apologies for the inconvenience, and we look
>   forward to serving you again in the future.
> d. Thank you for your letter dated October 23 concerning your recent order.
> e. Apparently, this was caused by a processing error.

① c − e − a − d − b   ② d − b − e − a − c

③ b − c − a − e − d   ④ e − a − b − d − c

    TIP 》 「Mr. Hopkins에게
        d. 당신의 최근 주문에 관한 10월 23일의 편지 감사합니다.
        b. 당신이 잘못된 주문을 받았다니 매우 유감스럽습니다.
        e. 듣자 하니, 이것은 프로세싱 오류로 인해 야기되었습니다.
        a. 우리는 무료배송으로 당신에게 정확한 상품을 보낼 것입니다.
        c. 다시 한 번, 불편을 드린 것에 대한 저희의 사과를 받아주시길 바라오며, 장래에 다시
          서비스를 제공할 수 있기를 기대합니다.」

ANSWER 〉 4.① 5.②

6 다음을 읽고 〈사례〉를 분석한 것으로 적절하지 않은 것은?

> 중고차 시장에서 팔고 있는 자동차의 절반은 '복숭아(훌륭한 자동차)'이고 나머지 절반은 '레몬(결함이 있는 형편없는 차)'이라고 가정해볼 때, 판매자들은 자신들이 팔고 있는 차가 레몬인지 복숭아인지 알고 있지만, 구매자들은 자동차가 레몬일 확률과 복숭아일 확률이 50%임을 알고 있을 뿐이다. 이와 같은 상황에서 구매자가 중고 자동차를 구입한다고 하자. 구매자가 중고 자동차의 적정 가격이 200만 원에서 250만 원이라 생각하고 판매자와 흥정을 하게 된다면 100만 원도 안 되는 레몬을 갖고 있는 판매자는 주저함 없이 이 자동차를 200만 원에 팔 것이다. 하지만 400만 원 이상의 가치를 지닌 복숭아를 갖고 있는 판매자는 손해를 볼 수는 없으므로 팔지 않을 것이다. 판매자들은 이익의 극대화를 목표로 삼기 때문이다. 하지만 이러한 거래가 몇 번 반복되다 보면 구매자는 판매자들이 자신을 속이고 있다는 사실을 눈치 채게 될 것이다. 이러한 '정보의 비대칭' 상황이 지속된다면 이 시장은 그 기능을 완전히 상실하게 될 것이다.
>
> 경제학자 스티글리츠는 시장에서 정보의 불균형을 해소할 수 있는 방안을 제안하였다. 그는 정보가 적은 사람이 필요한 정보를 얻어내기 위해 노력해야 함을 강조하였는데, 이러한 과정에서 '심사'가 중요하다고 역설하였다. 예컨대 '정보의 비대칭'을 해결하기 위해 구매자는 레몬을 복숭아로 속여 파는 판매자들을 사전에 '위험 부류'로 분류하거나, 레몬인지 복숭아인지를 확인할 수 있는 방법을 미리 익혀 중고 자동차를 사기 전에 이를 적용해 보아야 한다는 것이다.

> 〈사례〉
>
> 툭 하면 아픈 A와 건강을 잘 유지해 온 B는 장래를 대비하기 위해 C라는 생명 보험 회사의 건강 보험 상품을 계약하려고 한다. A와 B에 대한 정보가 없는 C는 A와 B에게 나이가 몇인지, 담배를 피우는지, 병으로 입원한 적은 없는지, 부모나 가까운 친척 중에 질병으로 사망한 경우가 있는지 등에 대해 물었다. C는 A와 B의 답변을 바탕으로 A와 B의 보험료를 다르게 책정하려고 하였다.

① C의 입장에서 볼 때, A는 '레몬'에 해당한다고 볼 수 있다.
② C의 입장에서 볼 때, B는 '복숭아'에 해당한다고 볼 수 있다.
③ C가 A와 B에 대한 정확한 정보를 갖게 된다면 손해 볼 확률은 낮아질 것이다.
④ 장기적 관점에서 볼 때, 보험 가입자들이 정보를 노출하지 않아야 이익을 극대화할 수 있다.

> **TIP 》** ④ 정보를 노출하지 않는 것은 '정보의 비대칭'을 야기하여 시장에 악영향을 미치므로 이익을 극대화할 수 없다.

7 다음 글은 합리적 의사결정을 위해 필요한 절차적 조건 중의 하나에 관한 설명이다. 다음 보기 중 이 조건을 위배한 것끼리 묶은 것은?

> 합리적 의사결정을 위해서는 정해진 절차를 충실히 따르는 것이 필요하다. 고도로 복잡하고 불확실하나 문제상황 속에서 결정의 절차가 합리적이기 위해서는 다음과 같은 조건이 충족되어야 한다.
>
> 〈조건〉
>
> 정책결정 절차에서 논의되었던 모든 내용이 결정절차에 참여하지 않은 다른 사람들에게 투명하게 공개되어야 한다. 그렇지 않으면 이성적 토론이 무력해지고 객관적 증거나 논리 대신 강압이나 회유 등의 방법으로 결론이 도출되기 쉽기 때문이다.

> 〈보기〉
> ㉠ 심의에 참여한 분들의 프라이버시 보호를 위해 오늘 회의의 결론만 간략히 알려드리겠습니다.
> ㉡ 시간이 촉박하니 회의 참석자 중에서 부장급 이상만 발언하도록 합시다.
> ㉢ 오늘 논의하는 안건은 매우 민감한 사안이니만큼 비참석자에게는 그 내용을 알리지 않을 것입니다. 그러니 회의자료 및 메모한 내용도 두고 가시기 바랍니다.
> ㉣ 우리가 외부에 자문을 구한 박사님은 이 분야의 최고 전문가이기 때문에 참석자 간의 별도 토론 없이 박사님의 의견을 그대로 채택하도록 합시다.
> ㉤ 오늘 안건은 매우 첨예한 이해관계가 걸려 있으니 상대방에 대한 반론은 자제해주시고 자신의 주장만 말씀해주시기 바랍니다.

① ㉠, ㉡   ② ㉠, ㉢

③ ㉢, ㉣   ④ ㉣, ㉤

TIP 》 합리적 의사결정의 조건으로 회의에서 논의된 내용이 투명하게 공개되어야 한다는 조건을 명시하고 있으나, ㉠과 ㉢에서는 비공개주의를 원칙으로 하고 있기 때문에 조건에 위배된다.

ANSWER 》 6.④ 7.②

8 다음 글의 빈칸 ㉠과 ㉡에 들어갈 접속사가 순서대로 알맞게 짝지어진 것은?

> 농작물을 재배하고, 아파트를 건설하고, 음악을 연주하는 생산 활동은 우리가 원하는 상품을 새로 만드는 것이기 때문에 가치 있는 일로 여겨지고 있다. 이러한 생산 활동에 비해서 교환활동은 어떤 것을 새로 만들어 내는 일이 아니기 때문에 가치 있는 일로 인정받지 못하는 경향이 있다. 그러나 교환도 생산 못지않게 우리에게 필요한 가치를 만들어 낸다.
>
> 어떤 것을 다른 것과 바꾸는 교환활동은 새로운 상품을 만들어 내지 않기 때문에 교환 당사자들 중에 어느 한 사람이 이익을 보면 다른 쪽이 손실을 보는 것으로 흔히 생각하기 쉽다. (㉠) 사람들이 교환활동을 자발적으로 하고 있다는 것만 생각해 보아도 이러한 생각이 잘못된 것이라는 것을 금방 알 수 있다. 즉, 상품을 사는 사람이나 파는 사람 어느 한쪽이라도 교환을 통해서 이익이 될 것이라고 생각하지 않는다면 자발적인 교환이 성립하지 않을 것이기 때문이다.
>
> 교환이 이렇게 교환 당사자에게 모두 이익이 되는 데에는 여러 가지 이유가 있다. 교환은 생산된 재화나 서비스를 해당 상품의 가치를 가장 높게 평가하는 사람에게로 이동시켜 주는 매우 중요한 역할을 한다. (㉡) 스포츠 분야에서는 일찍부터 이러한 교환의 이익을 얻기 위해 종종 선수를 맞교환하여 왔다. 야구에서 타력이 좋지만 투수력이 약한 팀은 자기들 팀의 타자들을 내어놓고, 반대로 능력 있는 타자가 부족하지만 투수가 풍부한 팀은 투수를 내어놓아 서로 선수를 맞교환하여 양 팀 모두의 전력을 상승시키는 것이다.

① 그러나, 반면
② 예컨대, 따라서
③ 그러나, 예컨대
④ 그리고, 그러나

> **TIP 》** ㉠의 앞말에서 언급한 내용을 뒷말에서 잘못된 것이라는 것을 금방 알 수 있다고 평가하였다. 따라서 반론이 되므로 역접을 나타내는 접속사 '그러나'가 ㉠에 알맞은 접속사이다. ㉡의 앞에서는 교환의 이익을 설명한 후, 뒤에서 스포츠 선수의 예를 들어 주장을 뒷받침하고 있으므로 '예컨대', '예를 들어' 등이 적절한 접속사이다.

9 다음 주어진 문장이 들어갈 위치로 가장 적절한 것은?

> 신체적인 측면에서 보면 잠든다는 것은 평온하고 안락한 자궁(子宮) 안의 시절로 돌아가는 것과 다름이 없다.

> 우리는 매일 밤 자신의 피부를 감싸고 있던 덮개(옷)들을 벗어 벽에 걸어 둘 뿐 아니라, 신체 기관을 보조하기 위해 사용하던 여러 도구를, 예를 들면 안경이나 가발, 의치 등도 모두 벗어 버리고 잠에 든다. ㈎ 여기에서 한 걸음 더 나아가면, 우리는 잠을 잘 때 옷을 벗는 행위와 비슷하게 자신의 의식도 벗어서 한쪽 구석에 치워 둔다고 할 수 있다. ㈏ 두 경우 모두 우리는 삶을 처음 시작할 때와 아주 비슷한 상황으로 돌아가는 셈이 된다. ㈐ 실제로 많은 사람들은 잠을 잘 때 태아와 같은 자세를 취한다. ㈑ 마찬가지로 잠자는 사람의 정신 상태를 보면 의식의 세계에서 거의 완전히 물러나 있으며, 외부에 대한 관심도 정지되는 것으로 보인다.

① ㈎

② ㈏

③ ㈐

④ ㈑

TIP 》 ㈐의 앞 문장에서 '잠을 잘 때 우리는 삶을 처음 시작할 때와 아주 비슷한 상황'으로 돌아간다고 제시되어 있고, 뒤의 문장에서는 그에 대한 근거 '많은 사람들이 잠을 잘 때 태아와 같은 자세를 취하는 것'에 대해 제시되어 있으므로 주어진 문장이 들어가기에 가장 적절한 곳은 ㈐이다.

10 다음의 문단을 문맥에 맞게 배열한 것은?

> ○ 현대 사회에서의 사회계층은 일반적으로 학력, 직업, 재산이나 수입 등의 요소를 기준으로 구분한다. 이에 따른 사회계층의 분화가 분명히 상정될 수 있을 때 그에 상응하여 언어 분화의 존재도 인정될 터이지만 현대 한국 사회는 그처럼 계층 사이의 경계가 확연한 그런 사회가 아니다. 언어와 연관해서는 그저 특정 직업 또는 해당 지역의 주요 산업에 의거한 구분 정도가 제기될 수 있을 뿐이다.
>
> ○ 그렇더라도 사회계층에 따른 언어의 변이를 확인하려는 시도가 전혀 없었던 것은 아니다. '잽히다(잡히다)' 등에 나타나는 움라우트의 실현율이 학력과 밀접히 관련된다는 보고는 바로 그러한 시도 중의 하나라 할 수 있다.
>
> ○ 그런데 한 사회를 구성하는 성원들 사이에 접촉이 적어지고 그러한 상태가 오래 지속되면 언어적으로 분화가 이루어진다. 이러한 사실을 고려할 때 사회 계층의 구별이 엄격한 사회일수록 그에 따른 언어 분화가 쉬 일어나리라는 점은 충분히 예상하고도 남는다. 반상(班常)의 구별이 있었던 한국의 전통 사회에서 양반과 평민(상민, 서얼 등)의 언어가 달랐다는 여럿의 보고가 이러한 사실을 뒷받침해 준다.
>
> ○ 사회계층은 한 사회 안에서 경제적·신분적으로 구별되는 인간 집단을 말한다. 그러기에 동일한 계층에 속하는 구성원들끼리 사회적으로 더 많이 접촉하며, 상이한 계층에 속하는 구성원들 사이에 그러한 접촉이 훨씬 더 적은 것은 매우 자연스러운 일이다.

① ○ − ○ − ○ − ○   ② ○ − ○ − ○ − ○

③ ○ − ○ − ○ − ○   ④ ○ − ○ − ○ − ○

> **TIP ≫** ○ 사회계층을 정의하며 상이한 계층에 속하는 구성원들 간의 접촉보다 동일한 계층에 속하는 구성원들 간의 접촉이 더 잦음을 설명
> ○ 사회계층과 언어 분화에 대해 언급
> ○ 현대 한국 사회는 언어 분화가 인정될 만큼 계층 사이의 경계가 확연한 사회가 아님
> ○ 그렇더라도 사회계층에 따른 언어의 변이를 확인하려는 시도가 있었음

11 다음 제시된 개요의 결론으로 알맞은 것은?

제목 : 우리말 사랑하고 가꾸기
Ⅰ. 서론 : 우리말의 오용 실태

Ⅱ. 본론
   ㉠ 우리말 오용의 원인
    • 우리말에 대한 사랑과 긍지 부족
    • 외국어의 무분별한 사용
    • 우리말 연구 기관에 대한 정책적 지원 부족
    • 외국어 순화 작업의 중요성 간과
   ㉡ 우리말을 가꾸는 방법
    • 우리말에 대한 이해와 적극적인 관심
    • 외국어의 무분별한 사용 지양
    • 바른 우리말 사용 캠페인
    • 대중 매체에 사용되는 우리말의 순화

Ⅲ. 결론 : (   )

① 우리말을 사랑하고 가꾸기 위한 노력 제고
② 언어순화 작업의 중요성 강조
③ 잘못된 언어습관 지적의 필요성
④ 우리말 연구 기관에 대한 예산지원의 효과

    TIP 》 서론에서 우리말의 오용 실태를 지적했으며, 본론에서는 우리말 오용의 원인과 함께 그에 대한 우리말 가꾸는 방법을 제시하였으므로 이를 정리하여 결론은 '우리말을 사랑하고 가꾸기 위한 노력 제고'가 적절하다.

ANSWER 〉 10.③ 11.①

12 다음 글의 내용과 부합하는 것은?

> 공업화 과정이나 기타 경제 활동의 대부분은 욕망과 이성의 두 가지에 의해 충분히 설명될 수 있다. 하지만 그것만으로는 자유민주주의를 향한 투쟁은 설명할 수 없으며, 이는 인정받고자 하는 영혼의 '패기' 부분에서 궁극적으로 비롯되는 것이다. 공업화의 진전에 따른 사회적 변화, 그 중에서도 보통교육의 보급은 가난하고 교육받지 못한 사람들에게 그때까지 느끼지 못했던 인정받기 위한 욕망을 불러일으킨 것 같다. 만일 인간이 욕망과 이성뿐인 존재에 불과하다면 프랑코 정권하의 스페인, 또는 군사독재 하의 한국이나 브라질 같은 시장경제 지향적인 권위주의 국가 아래에서도 만족하며 살아갈 수 있을 것이다. 그러나 인간은 자기 자신의 가치에 대해 '패기' 넘치는 긍지를 갖고 있기 때문에 자신을 어린아이가 아닌 어른으로서 대해주는 정부, 자유로운 개인으로서의 자주성을 인정해주는 민주적인 정부를 원하게 된 것이다. 오늘날 공산주의가 자유민주주의로 교체되어 가고 있는 것은 공산주의가 인정에 대한 중대한 결함을 내포한 통치형태라는 사실이 인식되었기 때문이다. 역사의 원동력인 인정받기 위한 욕망의 중요성을 이해함으로써 우리는 문화나 종교, 노동, 민족주의, 전쟁 등 우리에게 익숙한 여러 가지 현상을 재검토하게 된다. 예를 들면 종교를 믿는 사람은 특정한 신이나 신성한 관습에 대한 인정을 원하고 있다. 한편 민족주의자는 자신이 속해 있는 특정의 언어적, 문화적, 또는 민족적 집단에 대해 인정받기를 원한다. 그러나 이와 같은 인정의 형태는 모두가 자유국가에 대한 보편적 인정에 비해 합리성이 결여되어 있다. 왜냐하면 그것은 성(聖)과 속(俗), 또는 인간 사회의 여러 집단에 대한 임의적 구분을 토대로 하고 있기 때문이다. 종교나 민족주의 또는 어떤 민족의 윤리적 습성과 관습의 혼합체 등이, 전통적으로 민주주의적인 정치제도나 자유시장경제의 건설에 장애가 된다고 생각되는 이유도 여기에 있다.

① 교육은 '인정받기 위한 욕망'에 관하여는 아무런 영향을 미치지 않는다.

② 패기 넘치는 긍지를 가지고 있는 사람은 한국의 권위주의 하에서도 만족하면서 살아갈 것이다.

③ 민족주의자는 자신이 속한 문화적 집단보다는 그 사회 속에 속한 개인이 인정 받기를 원한다.

④ 공산주의가 인정에 대한 중요한 결함을 내포하고 있기 때문에 자유민주주의로 교체되고 있다.

> **TIP »** ① 보통교육의 보급은 가난하고 교육받지 못한 사람들에게 그때까지 느끼지 못했던 인정받기 위한 욕망을 불러일으킨 것 같다.
> ② '패기' 넘치는 긍지를 갖고 있는 사람은 자신을 어린아이가 아닌 어른으로서 대해주는 정부, 자유로운 개인으로서의 자주성을 인정해주는 민주적인 정부를 원한다.
> ③ 민족주의자는 자신이 속해 있는 특정의 언어적, 문화적, 또는 민족적 집단에 대해 인정받기를 원한다.

13 인범이가 '인터넷 등급제'에 관한 뉴스를 듣고, 메모를 한 것이다. 이에 대한 설명 중 바른 것은?

> ㉠ 유해한 정보 '청소년 이용 불가', '⑮' 표시
> ㉡ 인터넷 등급제 도입 어렵다
> ㉢ 반대 – 표현의 자유 주장
> ㉣ 조 : 반대 (표현의 자유 제약)
> ㉤ 김 : 찬성 (무분별한 정보의 해악, 청소년 보호 필요)
> ㉥ 박 : 반대 (인터넷의 특성, 능동적 정보 선택)
> ㉦ 강 : 찬성 (해로운 정보 접근 쉬움, 어린이 보호, 명확한 기준 필요)
> ㉧ 정부 : 도입 취지 납득 시켜야
> ㉨ 합리적 기준필요

① 메모를 할 때에는 아는 내용이라도 자세하게 적는다.
② ㉣과 ㉤, ㉥과 ㉦은 그 내용상 묶을 수 있다.
③ ㉠과 같이 간단한 기호를 활용하는 것은 옳지 않다.
④ ㉧과 ㉨은 '앞으로의 과제'로 묶을 수 있다.

> **TIP** 》 ①③ 메모는 간략하게 적는다.
> ② ㉣과 ㉥은 반대 의견으로, ㉤과 ㉦은 찬성 의견으로 서로 묶을 수 있다.

14 다음은 국민연금 관련하여 심사청구에 대한 안내이다. 다음 안내문을 보고 알 수 없는 것은?

심사청구 대상
① 가입자의 자격 취득 / 상실 통지
② 기준소득월액 결정 · 통지
③ 노령(장애/유족)연금 및 반환(사망)일시금 미해당 / 부지급 결정 · 통지
④ 급여지급 결정 · 통지
⑤ 연금 수급권 취소 결정 · 통지
⑥ 부당이득 환수 결정 · 통지 등
※ 2011.1.1부터 연금보험료 징수 관련업무가 건강보험공단으로 위탁됨에 따라 연금보험료 징수와 관련된 건강보험공단의 처분에 이의가 있는 경우에는 건강보험공단에 심사청구를 제기하여야 한다.

청구인과 피청구인
① 청구인
  • 국민연금법 : 가입자의 자격, 기준소득월액, 연금보험료 그 밖의 국민연금법에 따른 징수금과 급여에 관한 공단 또는 건강보험공단의 처분에 이의가 있는 자
  • 행정심판법 : 처분의 취소 또는 변경을 구할 법률상 이익이 있는 자
② 피청구인 : 국민연금공단 또는 건강보험공단

심사청구 기간과 방법
① 기간 : 심사청구는 공단의 처분이 있음을 안 날부터 90일 이내에 정해진 서식에 따라 심사청구서를 작성하여 청구인의 주장을 입증할 수 있는 증거자료와 함께 국민연금공단 또는 건강보험공단에 제출하여야 하며, 처분이 있은 날부터 180일을 경과하면 이를 제기하지 못한다.
② 방법 : 청구인이 직접 공단을 방문 또는 우편, 인터넷으로 가능하다.

심사청구 처리절차와 결정절차
① 처리절차 : 심사청구 → 지사 접수 · 이송 → 본부 안건 검토 → 심사위원회 심사 · 의결 → 결정 → 결정서 송부
② 결정절차 : 심사청구 사안을 심사하는 국민연금심사위원회는 사회 각계를 대표하는 위원들로 구성되어 있다. 심사위원회에서는 각각의 심사청구 사안에 대하여 증거자료를 수집하고, 필요한 경우 전문가의 자문을 거쳐 처분이 적법 · 타당했는지 심사하게 된다. 공단은 심사위원회의 심사 · 의결에 따라 각하, 기각 또는 인용(처분취소 또는 변경)결정을 하고 그 결과를 심사청구를 받은 날부터 60일(30일 연장한 경우에는 90일) 이내에 통지한다.

심판기관
국민연금심사위원회 또는 징수심사위원회

---

① 심사청구를 할 수 있는 기간은 언제인가?

② 연금 수급권 취소 결정이 심사청구 대상에 포함되는가?

③ 심사청구에 대한 결정에 불복하는 자는 어떻게 하여야 하는가?

④ 심사청구의 처리절차는 어떻게 되는가?

> **TIP》** ③ 위의 안내문에서는 심사청구를 어떻게, 언제 제기하여야 하는가에 대해서는 언급하고 있지만 심사청구 결정에 대해 불복할 때 어떻게 하여야 하는지에 관해서는 언급이 없다.

ANSWER 〉 14.③

15 다음 글로 보아 글쓴이가 제시할 수 있는 과제로 가장 적절한 것은?

염전 공간은 크게 저수지, 증발지, 결정지로 나뉜다. 저수지는 해수를 저장하는 공간으로 염전 경영에서 중요한 비중을 차지한다. 증발지는 태양열을 통하여 염도를 높이는 곳으로 난치와 누테로 구성되어 있다. 난치는 저수지의 물이 직접 들어오는 곳으로 일반적으로 1단계부터 4단계로 구성되어 있다. 누테는 난치의 과정을 통해서 높아진 염도를 다시 증발시키는 과정으로 누테와 마찬가지로 1～4단계로 구성되어 있다. 이러한 과정을 거친 후 소금이 생산되는 결정지로 해수가 이동하게 된다.

천일염전은 고지식(高地式)과 저지식(低地式)으로 나뉜다. 고지식의 염전은 해수 저장 공간의 높이가 증발지의 가장 높은 부분보다 낮아 바닷물이 자연스럽게 흘러내리지 못한다. 그래서 수차나 펌프 같은 기계의 동력으로 해수를 퍼 올려 증발지로 보낸다. 고지식 염전은 저지식 염전에 비해 염전 면적을 늘릴 수 있다. 저지식 염전은 증발지의 가장 높은 부분이 해수 저장 공간 높이보다 낮아서 저수지의 바닷물이 증발지로 자연히 흘러내리는 염전이다. 저지식 염전은 동력 없이도 물을 흘려보낼 수 있지만 해수 저장 공간이 넓어야 하기 때문에 염전 면적이 그만큼 줄어든다.

소금이 만들어지는 시기는 3월 초에서 10월 말까지가 좋은데, 이 시기의 소금은 당연히 몸에도 좋아 많은 사람이 찾는다. 좋은 소금은 김장용으로 사용되는데 늦가을에 생산된 소금은 도로 포장용 등으로 쓰인다. 11월부터 이듬해 3월 사이에는 염전을 손질하거나 염전을 깊이 갈아엎어 토질을 풍부하게 한다. 경운 작업과 써래질을 하는 것은 좋은 소금을 얻기 위한 것인데 3년에 1회 정도 실시한다. 이 작업이 끝나면 바닥을 말리고 다지는 작업을 하게 된다. 결정지에는 바닥에 소금을 모으기 위한 자리를 깔게 되는데, 초기에 갯벌을 다져서 사용하였다. 그 후 옹편, 타일을 사용하였으며, 1980년대 중반부터는 비닐을 사용하여 오늘에 이르고 있다.

1990년대 후반부터 소금 수입이 자유화되면서 염전도 구조 조정의 단계를 밟게 되었다. 수입 천일염에 비해 가격 경쟁력이 떨어지기 때문에 염전을 폐전하고 타 산업으로 전업하고자 하는 사람들에게는 폐전 지원비를 지급하였다. 대부분 양식장과 농지로 전환하였지만 양식장의 경우 단기간 동안 투자되는 운용 비용이 매우 크기 때문에 전환이 쉽지 않다. 그리고 쌀 시장이 개방된 데다 토지에 대한 욕구가 과거와 달리 크지 않아 농지로 전환을 원치 않는 경우도 있다. 또 폐전 지원을 받고도 업종 전환을 주저하는 것은 양질의 일손이 부족하기 때문이다.

시장 개방의 충격을 완화하기 위해서는 폐염전의 지원 정책과 수입 부담금의 연장, 현실적 지원 정책 등을 실시해야 한다. 그리고 장기적으로는 농어민을 위한 생활 복지 차원의 접근이 요구된다. 그뿐만 아니라 어민들도 생산성보다는 유통성과 자원의 지속성을 고려하는 대책을 찾아내야 한다.

① 폐염전 구조 조정 완화
② 국내 생산 소금 가격의 현실화
③ 염전업의 소득을 증진할 수 있는 정책 개발
④ 염전업에 종사했던 사람들의 전반적인 복지 향상

TIP 》 글쓴이는 글의 마무리 부분에서 장기적으로 농어민을 위한 생활 복지 차원의 접근이 요구된다고 하였다. 여기에서 '농어민'은 염전을 경영하다가 농사를 짓거나 양식장을 운용하는 사람을 말한다.

16 다음 글의 빈칸 ㉠에 들어갈 말로 가장 적절한 것은?

> 시장경제를 움직이는 기본 동력은 경쟁이므로 경쟁이 도리에 어긋난다고 보는 풍토에서 시장경제의 정착은 쉽지 않다. 경쟁에 대한 부정적 편견은 동양문화권이 특히 더하고 우리의 전통 문화와 의식에도 경쟁을 배척하는 요소가 강하다. 여기에 공동체적 연대의식이 가세하면 시장경쟁은 더욱 제한받는다. 이러한 문화요소가 강화되면 시장경제의 동력인 경쟁은 심각하게 위축되기 쉽다.
>
> 그런데 인간생활에서 시장의 역할은 급팽창하고 있고 특히 현대인은 시장을 떠나서는 생활 자체가 불가능하다. 오늘날에도 시장경쟁을 거부하고 생활물자를 스스로 개별적으로, 또는 동료들끼리 공동체를 결성하여, 생산하는 사람들이 있지만 그 규모는 극히 작다. 자발적 경쟁 수용이 대세일 만큼 우리 생활에서 경쟁은 중요하다. 이상적 시장경제가 동력으로 삼는 경쟁은 정확히 노자의 (㉠)의 원리에 부합하는 다투지 않는 (不爭) 경쟁이다. 남들이 이미 점유한 자리는 피하고 아무도 관심을 보이지 않는 낮은 자리를 찾아서 머무는 물의 특성은 다른 사람의 재산권을 존중하면서 이익을 추구하는 진정한 시장경쟁의 면모를 그대로 나타낸다. 시장경쟁은 사람들이 잘 몰라서 누구도 거들떠보지 않는 기회를 찾는 경쟁일 뿐 결코 남이 이미 가지고 있는 것을 빼앗는 쟁탈이 아니다.

① 무위자연(無爲自然)   ② 산고수장(山高水長)

③ 상선약수(上善若水)   ④ 수어지교(水魚之交)

TIP 》 '상선약수'는 최상의 선은 물과 같다는 말이다. 필자는 물과 같이 '다투지 않는 경쟁'을 시장경제의 동력으로 보고 이를 '상선약수'에 비유하고 있다.
① 무위자연 : 인위적인 손길이 가해지지 않은 자연을 가리키며, 자연을 거스르지 않고 순응하는 태도를 의미하기도 한다.
② 산고수장 : 산은 높이 솟고 강은 길게 흐른다는 뜻으로, 인자나 군자의 덕행이 높고 한없이 오래 전하여 내려오는 것을 의미한다.
④ 수어지교 : 노자의 사상이 아닌 단순 한자성어이며, 아주 친밀하여 떨어질 수 없는 사이를 비유적으로 이른다.

ANSWER 》 15.④   16.③

17 다음 A 출판사 B 대리의 업무보고서이다. 이 업무보고서를 통해 알 수 있는 내용이 아닌 것은?

업무 내용	비고
09:10~10:00 [실내 인테리어] 관련 신간 도서 저자 미팅	※ 외주 업무 진행 보고
10:00~12:30 시장 조사(시내 주요 서점 방문)	1. [보세사] 원고 도착
12:30~13:30 점심식사	2. [월간 무비스타] 영화평론 의뢰
13:30~17:00 시장 조사 결과 분석 및 보고서 작성	
17:00~18:00 영업부 회의 참석	※ 중단 업무
※ 연장근무 1. 문화의 날 사내 행사 기획 회의	1. [한국어교육능력] 기출문제 분석 2. [관광통역안내사] 최종 교정

① B 대리는 A 출판사 영업부 소속이다.

② [월간 무비스타]에 실리는 영화평론은 A 출판사 직원이 쓴 글이 아니다.

③ B 대리는 시내 주요 서점을 방문하고 보고서를 작성하였다.

④ A 출판사에서는 문화의 날에 사내 행사를 진행할 예정이다.

    TIP 》 ① B 대리가 영업부 회의에 참석한 것은 사실이나, 해당 업무보고서만으로 A 출판사 영업부 소속이라고 단정할 수는 없다.

18 A 무역회사에 다니는 乙씨는 회의에서 발표할 '해외 시장 진출 육성 방안'에 대해 다음과 같이 개요를 작성하였다. 이를 검토하던 甲이 지시한 내용 중 잘못된 것은?

Ⅰ. 서론
• 해외 시장에 진출한 우리 회사 제품 수의 증가 …… ㉠
• 해외 시장 진출을 위한 장기적인 전략의 필요성

Ⅱ. 본론
1. 해외 시장 진출의 의의
• 다른 나라와의 경제적 연대 증진 …… ㉡
• 해외 시장 속 우리 회사의 위상 제고
2. 해외 시장 진출의 장애 요소
• 해외 시장 진출 관련 재정 지원 부족
• 우리 회사에 대한 현지인의 인지도 부족 …… ㉢
• 해외 시장 진출 전문 인력 부족
3. 해외 시장 진출 지원 및 육성 방안
• 재정의 투명한 관리 …… ㉣
• 인지도를 높이기 위한 현지 홍보 활동
• 해외 시장 진출 전문 인력 충원

Ⅲ. 결론
• 해외 시장 진출의 전망

---

① ㉠ : 해외 시장에 진출한 우리 회사 제품 수를 통계 수치로 제시하면 더 좋겠군.

② ㉡ : 다른 나라에 진출한 타 기업 수 현황을 근거 자료로 제시하면 더 좋겠군.

③ ㉢ : 우리 회사에 대한 현지인의 인지도를 타 기업과 비교해 상대적으로 낮음을 보여주면 효과적이겠군.

④ ㉣ : Ⅱ-2를 고려할 때 '해외 시장 진출 관련 재정 확보 및 지원'으로 수정하는 것이 좋겠군.

> **TIP 》** ② 다른 나라에 진출한 타 기업 수 현황 자료는 '다른 나라와의 경제적 연대 증진'이라는 해외 시장 진출의 의의를 뒷받침하는 근거 자료로 적합하지 않다.

19 다음 중 아래 행사의 사회를 맡게 된 유사원의 화법으로 가장 적절한 것은?

> ○○물산에서는 매년 5월 셋째 주 목요일에 임직원의 화합과 단결을 위한 춘계 체육대회를 개최한다. 본 대회에 앞서 권민석 대표의 축사와 직원 표창이 있고, 이어서 축구, 줄다리기, 마라톤 등 각 종목별 예선 및 결승전을 실시한다.

① 사장님의 축사가 있으시겠습니다.
② 일부 경기방식의 변경에 대해 여러분께 양해를 구하겠습니다.
③ 모든 임직원 여러분이 적극적으로 경기에 임하면 감사하겠습니다.
④ 오후 장기자랑에 참가하실 분은 신청서가 접수되실 수 있도록 진행본부에 협조 부탁 드립니다.

> **TIP 》** ① 있으시겠습니다 → 있겠습니다
> ③ 임하면 → 임해주시면
> ④ 접수되실 수 → 접수될 수

20 다음 글의 밑줄 친 부분을 고쳐 쓰기 위한 방안으로 옳지 않은 것은?

> 그동안 발행이 ㉠중단되어졌던 회사 내 월간지 '○○소식'에 대해 말씀드리려 합니다. '○○소식'은 소수의 편집부원이 발행하다 보니, 발행하기도 어렵고 다양한 이야기를 담지도 못했습니다. ㉡그래서 저는 종이 신문을 웹 신문으로 전환하는 것이 좋다고 생각합니다. ㉢저는 최선을 다해서 월간지를 만들었습니다. 그러면 구성원 모두가 협업으로 월간지를 만들 수 있고, 그때그때 새로운 정보를 ㉣독점하게 될 것입니다. 이렇게 만들어진 '○○소식'을 통해 우리는 앞으로 '언제나, 누구나' 올린 의견을 실시간으로 만나게 될 것입니다.

① ㉠은 어법에 맞지 않으므로 '중단되었던'으로 고쳐야 한다.
② ㉡은 연결이 자연스럽지 않으므로 '그러나'로 고쳐야 한다.
③ ㉢은 주제에 어긋난 내용이므로 삭제해야 한다.
④ ㉣은 문맥에 맞지 않는 단어이므로 '공유'로 고쳐야 한다.

> **TIP 》** ② '그래서'가 더 자연스럽기 때문에 고치지 않는 것이 낫다.

21 다음은 '전교생을 대상으로 무료급식을 시행해야 하는가?'라는 주제로 철수와 영수가 토론을 하고 있다. 보기 중 옳지 않은 것은?

> 철수 : 무료급식은 급식비를 낼 형편이 없는 학생들을 위해서 마련되어야 하는데 지금 대부분의 학교에서는 이 아이들뿐만 아니라 형편이 넉넉한 아이들까지도 모두 대상으로 삼고 있으니 이는 문제가 있다고 봐.
>
> 영수 : 하지만 누구는 무료로 급식을 먹고 누구는 돈을 내고 급식을 먹는다면 이는 형평성에 어긋난다고 생각해. 그래서 난 이왕 무료급식을 할 거라면 전교생에게 동등하게 그 혜택이 돌아가야 한다고 봐.
>
> 철수 : 음… 돈이 없는 사람은 무료로 급식을 먹고 돈이 있는 사람은 돈을 내고 급식을 먹는 것이 과연 형평성에 어긋난다고 할 수 있을까? 형평성이란 국어사전을 찾아보면 형평을 이루는 성질을 말하잖아. 여기서 형평이란 균형이 맞음. 또는 그런 상태를 말하는 것이고. 그러니까 형평이란 다시 말하면…
>
> 영수 : 아, 그래 네가 무슨 말을 하려고 하는지 알겠어. 그런데 나는 어차피 무료급식을 할 거라면 전교생이 다 같이 무료급식을 했으면 좋겠다는 거야. 그래야 서로 불화도 생기지 않으니까. 그리고 누구는 무료로 먹고 누구는 돈을 내고 먹을 거라면 난 차라리 무료급식을 안 하는 것이 낫다고 생각해.

① 위 토론에서 철수는 주제에서 벗어난 말을 하고 있다.

② 영수는 상대방의 말을 자르고 자기주장만을 말하고 있다.

③ 영수는 자신의 주장이 뚜렷하지 않다.

④ 위 토론의 주제는 애매모호하므로 주제를 수정해야 한다.

> **TIP 》** 토론의 주제는 찬성과 반대로 뚜렷하게 나뉘어 질 수 있는 주제가 좋다. 위 토론의 주제는 찬성(전교생을 대상으로 무료급식을 시행해야 한다.)과 반대(전교생을 대상으로 무료급식을 시행해서는 안 된다.)로 뚜렷하게 나뉘어지므로 옳은 주제라 할 수 있다.

22 다음 중 '여요론트' 부족에 대해 이해한 내용으로 적절한 것은?

> 19세기 일부 인류학자들은 결혼이나 가족 등 문화의 일부에 주목하여 문화 현상을 이해하고자 하였다. 그들은 모든 문화가 '야만→미개→문명'이라는 단계적 순서로 발전한다고 설명하였다. 그러나 이 입장은 20세기에 들어서면서 어떤 문화도 부분만으로는 총체를 파악할 수 없다는 비판을 받았다. 문화를 이루는 인간 생활의 거의 모든 측면은 서로 관련을 맺고 있기 때문이다. 20세기 인류학자들은 이러한 사실에 주목하여 문화 현상을 바라보았다. 어떤 민족이나 인간 집단을 연구할 때에는 그들의 역사와 지리, 자연환경은 물론, 사람들의 체질적 특성과 가족제도, 경제체제, 인간 심성 등 모든 측면을 서로 관련지어서 고찰해야 한다는 것이다. 이를 총체적 관점이라고 한다.
>
> 오스트레일리아의 여요론트 부족의 이야기는 총체적 관점에서 인간과 문화를 이해해야 하는 이유를 잘 보여준다. 20세기 초까지 수렵과 채집 생활을 하던 여요론트 부족사회에서 돌도끼는 성인 남성만이 소유할 수 있는 가장 중요한 도구였다. 돌도끼의 제작과 소유는 남녀의 역할 구분, 사회의 위계질서 유지, 부족 경제의 활성화에 큰 영향을 미쳤다.
>
> 그런데 백인 신부들이 여성과 아이에게 선교를 위해 선물한 쇠도끼는 성(性) 역할, 연령에 따른 위계와 권위, 부족 간의 교역에 혼란을 초래하였다. 이로 인해 여요론트 부족사회는 엄청난 문화 해체를 겪게 되었다.
>
> 쇠도끼로 인한 여요론트 부족사회의 문화 해체 현상은 인간 생활의 모든 측면이 서로 밀접한 관계가 있음을 잘 보여준다. 만약 문화의 발전이 단계적으로 이루어진다는 관점에서 본다면 쇠도끼의 유입은 미개사회에 도입된 문명사회의 도구이며, 문화 해체는 사회 발전을 위해 필요한 과도기로 이해할 것이다. 하지만 이러한 관점으로는 쇠도끼의 유입이 여요론트 부족에게 가지는 의미와 그들이 겪은 문화 해체를 제대로 이해하고 그에 대한 올바른 해결책을 제시하기가 매우 어렵다.
>
> 총체적 관점은 인간 사회의 다양한 문화 현상을 이해하는 데 매우 중요한 공헌을 했다. 여요론트 부족사회의 이야기에서 알 수 있듯이, 총체적 관점은 사회나 문화에 대해 객관적이고 깊이 있는 통찰을 가능하게 한다. 이러한 관점을 가지고 인간이 처한 여러 가지 문제를 바라볼 때, 우리는 보다 바람직한 해결 방향을 모색할 수 있을 것이다.

① 문명사회로 나아가기 위해 쇠도끼를 수용하였다.
② 돌도끼는 성인 남자의 권위를 상징하는 도구였다.
③ 쇠도끼의 유입은 타 부족과의 교역을 활성화시켰다.
④ 자기 문화를 지키기 위해 외부와의 교류를 거부하였다.

> **TIP** 》 ② 여요론트 부족 사회에서 돌도끼는 성인 남성만이 소유할 수 있는 가장 중요한 도구였으며, 이는 성(性) 역할, 연령에 따른 위계와 권위 등에 큰 영향을 미쳤다. 이러한 2문단의 내용을 통해 돌도끼가 여요론트 부족 사회에서 성인 남자의 권위를 상징하는 도구였다는 것을 알 수 있다.

23 다음은 A화장품 광고부서에 입사한 갑동씨가 모델의 광고효과에 대해 조사한 자료이다. 빈 칸에 들어갈 가장 적절한 문장은?

> _____ 예를 들어, 자동차, 카메라, 공기 청정기, 치약과 같은 상품의 경우에는 자체의 성능이나 효능이 중요하므로 대체로 전문성과 신뢰성을 갖춘 모델이 적합하다. 이와 달리 상품이 주는 감성적인 느낌이 중요한 보석, 초콜릿, 여행 등과 같은 상품은 매력성과 친근성을 갖춘 모델이 잘 어울린다. 그런데 유명인이 그들의 이미지에 상관없이 여러 유형의 상품 광고에 출연하면 모델의 이미지와 상품의 특성이 어울리지 않는 경우가 많아 광고 효과가 나타나지 않을 수 있다.

① 일부 유명인들은 여러 상품의 광고에 중복하여 출연하고 있는데, 이는 광고계에서 관행으로 되어 있고, 소비자들도 이를 당연하게 여기고 있다.

② 어떤 모델이든지 상품의 특성에 적합한 이미지를 갖는 인물이어야 광고 효과가 제대로 나타날 수 있다.

③ 유명인의 유명세가 상품에 전이되고 소비자가 유명인이 진실하다고 믿게 된다.

④ 유명인 모델의 광고 효과를 높이기 위해서는 유명인이 자신과 잘 어울리는 한 상품의 광고에만 지속적으로 나오는 것이 좋다.

TIP 》 빈칸 이후의 내용은 자신의 이미지에 적합한 광고 모델을 써야 광고 효과가 나타나는 예시들을 나열하고 있으므로 ②가 가장 적절하다.

ANSWER 〉 22.② 23.②

㈎ 각 세포의 형질이 어떤 상황에서 특정하게 나타나도록 하는 정보는 세포 안에 있는 유전자에 들어 있다. 따라서 유전 정보의 적절한 발현이 세포의 형질을 결정하며, 생물체의 형질은 그것을 구성하고 있는 세포들의 형질에 의해서 결정된다. 이러한 생물학적 연구 결과를 근거로 유전 정보가 인간의 생김새뿐만 아니라 지능, 그리고 성격까지도 결정할 수 있겠다는 생각을 이끌어 내었다. 유전자 연구는, 열등한 유전자를 가진 사람들은 공동체에 도움은커녕 피해만 주므로 도태시켜야 한다는 이른바 극단적인 우생학* 때문에 한동안 주춤했으나 최근에 다시 활기를 띠고 있다.

㈏ 인간과 유전자의 관계를 규명하려는 연구는, 약 1세기 전 골턴(Galton)이 연구를 시작한 이래 지금까지 이어지고 있다. 그러던 중 근래에 ㉠쌍생아들을 대상으로 한 연구가 있었다. 이 연구는 서로 다른 유전자를 가진 이란성 쌍생아와 동일한 유전자를 가진 일란성 쌍생아들을 비교한 것으로, 유전적 요인이 인간의 성격 형성에 지대한 영향을 미친다는 심증을 굳히게 하였다. 또 일반인들을 대상으로 한 여러 연구를 통해서, 각종 범죄, 조울증, 정신 분열증, 알코올 중독증 등 주변의 영향을 받을 것 같은 성향들에도 유전자가 어느 정도 영향을 미친다는 조사 결과가 보고되었다. 연구자들은 이 연구에 의미를 부여하고, 한 발 더 나아가 인간의 질병을 대상으로 그 원인이 되는 유전자를 구체적으로 찾는 작업에 몰두하게 되었다.

㈐ 인간의 유전병은 대략 3,000여 가지로 짐작된다. 그러나 그 원인이 되는 유전자를 밝혀낸 것은 단순한 유전병 100여 가지에 불과했다. 그런데 심각한 유전성 신경질환인 '헌팅턴병'의 원인 유전자를 규명한 연구 결과가 보고되었다. 연구자들은 이 병에 걸린 사람들의 염색체로부터 DNA를 뽑아 제한효소로 잘라지는 패턴을 정상인과 비교한 결과, 그 패턴이 특이하게 달라진다는 사실을 확인할 수 있었다. 결국 제4번 염색체에서 헌팅턴병의 원인이 되는 유전자를 찾아내게 되었는데, 이는 유전학 연구가 한 걸음 더 나아가게 하는 계기가 되었다.

㈑ 그러나 아직 많은 유전병은 그 원인 유전자조차 규명되지 않고 있다. 또 원인 유전자를 찾아냈다고 해도, 그 형질을 나타내는 유전정보가 인간이 가진 46개의 염색체 중 어디에 있으며, 어떤 염기 서열로 되어있는지를 분명히 밝혀내는 일은 쉽지가 않다. 더구나 지능이나 피부색처럼 여러 유전자가 함께 작용하여 형질을 나타내는 경우, 각 유전자의 상호 관계와 역할을 밝히는 것은 더욱 어려운 일이다.

㈒ 특별한 증세와 관련된 염색체 또는 유전자를 발견했다는 보고들이 있지만, 그 실험 결과들은 분명한 사실로 입증될 만큼 충분하지 않다. 따라서 학계에서는 유전자 연구의 결과를 활용하는 데에 신중한 태도를 보이고 있다. 인간의 특성이 유전적 요인에 의해 결정된다는 주장은 인정된다. 그러나 각각의 유전자가 구체적으로 어떤 유전정보를 갖고 있는지 밝히는 것과, 인간의 다양한 모습들에 구체적으로 어떻게 기능하는지에 대한 해답을 찾는 것은 연구자들의 과제이다.

* 우생학 : 우수한 유전자를 가진 인구의 증가를 꾀하고 열악한 유전자를 가진 인구의 증가를 방지하여, 궁극적으로 인류를 유전학적으로 개량하는 것을 목적으로 하는 학문

24 윗글을 통해 확인할 수 없는 것은?

① 세포의 형질은 유전정보와 관련이 있다.

② 인간의 성격은 유전정보의 영향을 받는다.

③ 일부 유전병의 원인 유전자를 규명하였다.

④ 유전자 연구에 힘입어 유전병을 치료하고 있다.

> **TIP》** ④ 글의 내용에 의하면, 현재의 유전자 연구 수준은 유전자의 위치나 염기서열을 밝힌 것이 일부 있을 뿐이며, 3,000여 종류의 유전병 중에서 일부만의 원인 유전자를 찾는 정도에 머물고 있음을 알 수 있다. 또, 유전자 연구 수준이 높아진다고 해서 유전병을 치료할 수 있는지도 언급되어 있지 않으며, 어떻게 치료하는지도 이 글을 통해선 알 수 없다.

25 ㉠의 결과 중, 윗글의 논지에 부합하는 것은?

① 일란성 쌍생아인 A와 B는 동일한 환경에서 자랐지만 성격이 판이하다.

② 이란성 쌍생아인 C와 D는 다른 환경에서 자랐지만 성격이 흡사하다.

③ 이란성 쌍생아인 E와 F는 동일한 환경에서 자랐지만 성격이 판이하다.

④ 일란성 쌍생아인 G와 H는 다른 환경에서 자라서 성격이 판이하다.

> **TIP》** ③ (나)글을 보면, 쌍생아들을 대상으로 한 연구는 '유전적 요인이 인간의 성격 형성에 지대한 영향을 미친다는 심증을 굳히게 하였다.'라고 언급되어 있다. 이 논지를 뒷받침하려면, 유전자가 동일한 경우 환경이 달라도 성격이 흡사해야 할 것이며, 유전자가 다를 경우에는 환경이 동일해도 성격은 달라야 한다는 내용이어야 한다.

ANSWER 〉 24.④ 25.③

CHAPTER

02 수리능력

1 직장생활과 수리능력

(1) 기초직업능력으로서의 수리능력

① 개념 … 직장생활에서 요구되는 사칙연산과 기초적인 통계를 이해하고 도표의 의미를 파악하거나 도표를 이용해서 결과를 효과적으로 제시하는 능력을 말한다.

② 수리능력은 크게 기초연산능력, 기초통계능력, 도표분석능력, 도표작성능력으로 구성된다.
   ㉠ 기초연산능력 : 직장생활에서 필요한 기초적인 사칙연산과 계산방법을 이해하고 활용할 수 있는 능력
   ㉡ 기초통계능력 : 평균, 합계, 빈도 등 직장생활에서 자주 사용되는 기초적인 통계기법을 활용하여 자료의 특성과 경향성을 파악하는 능력
   ㉢ 도표분석능력 : 그래프, 그림 등 도표의 의미를 파악하고 필요한 정보를 해석하는 능력
   ㉣ 도표작성능력 : 도표를 이용하여 결과를 효과적으로 제시하는 능력

(2) 업무수행에서 수리능력이 활용되는 경우

① 업무상 계산을 수행하고 결과를 정리하는 경우

② 업무비용을 측정하는 경우

③ 고객과 소비자의 정보를 조사하고 결과를 종합하는 경우

④ 조직의 예산안을 작성하는 경우

⑤ 업무수행 경비를 제시해야 하는 경우

⑥ 다른 상품과 가격비교를 하는 경우

⑦ 연간 상품 판매실적을 제시하는 경우

⑧ 업무비용을 다른 조직과 비교해야 하는 경우

⑨ 상품판매를 위한 지역조사를 실시해야 하는 경우

⑩ 업무수행과정에서 도표로 주어진 자료를 해석하는 경우

⑪ 도표로 제시된 업무비용을 측정하는 경우

예제 1

다음 자료를 보고 주어진 상황에 대한 물음에 답하시오.

〈근로소득에 대한 간이 세액표〉

월 급여액(천 원) [비과세 및 학자금 제외]		공제대상 가족 수				
이상	미만	1	2	3	4	5
2,500	2,520	38,960	29,280	16,940	13,570	10,190
2,520	2,540	40,670	29,960	17,360	13,990	10,610
2,540	2,560	42,380	30,640	17,790	14,410	11,040
2,560	2,580	44,090	31,330	18,210	14,840	11,460
2,580	2,600	45,800	32,680	18,640	15,260	11,890
2,600	2,620	47,520	34,390	19,240	15,680	12,310
2,620	2,640	49,230	36,100	19,900	16,110	12,730
2,640	2,660	50,940	37,810	20,560	16,530	13,160
2,660	2,680	52,650	39,530	21,220	16,960	13,580
2,680	2,700	54,360	41,240	21,880	17,380	14,010
2,700	2,720	56,070	42,950	22,540	17,800	14,430
2,720	2,740	57,780	44,660	23,200	18,230	14,850
2,740	2,760	59,500	46,370	23,860	18,650	15,280

※ 갑근세는 제시되어 있는 간이 세액표에 따름
※ 주민세=갑근세의 10%
※ 국민연금=급여액의 4.50%
※ 고용보험=국민연금의 10%
※ 건강보험=급여액의 2.90%
※ 교육지원금=분기별 100,000원(매 분기별 첫 달에 지급)

박○○ 사원의 5월 급여내역이 다음과 같고 전월과 동일하게 근무하였으나 특별수당은 없고 차량지원금으로 100,000원을 받게 된다면, 6월에 받게 되는 급여는 얼마인가? (단, 원 단위 절삭)

(주) 서원플랜테크 5월 급여내역			
성명	박○○	지급일	5월 12일
기본급여	2,240,000	갑근세	39,530
직무수당	400,000	주민세	3,950
명절 상여금		고용보험	11,970
특별수당	20,000	국민연금	119,700
차량지원금		건강보험	77,140
교육지원		기타	
급여계	2,660,000	공제합계	252,290
		지급총액	2,407,710

① 2,443,910
② 2,453,910
③ 2,463,910
④ 2,473,910

[출제의도]
업무상 계산을 수행하거나 결과를 정리하고 업무비용을 측정하는 능력을 평가하기 위한 문제로서, 주어진 자료에서 문제를 해결하는 데에 필요한 부분을 빠르고 정확하게 찾아내는 것이 중요하다.

[해설]

기본급여	2,240,000	갑근세	46,370
직무수당	400,000	주민세	4,630
명절 상여금		고용보험	12,330
특별수당		국민연금	123,300
차량지원금	100,000	건강보험	79,460
교육지원		기타	
급여계	2,740,000	공제합계	266,090
		지급총액	2,473,910

답 ④

(3) 수리능력의 중요성

① 수학적 사고를 통한 문제해결

② 직업세계의 변화에의 적응

③ 실용적 가치의 구현

(4) 단위환산표

구분	단위환산
길이	$1cm = 10mm$, $1m = 100cm$, $1km = 1,000m$
넓이	$1cm^2 = 100mm^2$, $1m^2 = 10,000cm^2$, $1km^2 = 1,000,000m^2$
부피	$1cm^3 = 1,000mm^3$, $1m^3 = 1,000,000cm^3$, $1km^3 = 1,000,000,000m^3$
들이	$1m\ell = 1cm^3$, $1d\ell = 100cm^3$, $1L = 1,000cm^3 = 10d\ell$
무게	$1kg = 1,000g$, $1t = 1,000kg = 1,000,000g$
시간	1분 $= 60$초, 1시간 $= 60$분 $= 3,600$초
할푼리	1푼 $= 0.1$할, 1리 $= 0.01$할, 1모 $= 0.001$할

예제 2

둘레의 길이가 4.4km인 정사각형 모양의 공원이 있다. 이 공원의 넓이는 몇 a인가?

① 12,100a   ② 1,210a

③ 121a   ④ 12.1a

[출제의도]
길이, 넓이, 부피, 들이, 무게, 시간, 속도 등 단위에 대한 기본적인 환산 능력을 평가하는 문제로서, 소수점 계산이 필요하며, 자릿수를 읽고 구분할 줄 알아야 한다.

[해설]
공원의 한 변의 길이는
$4.4 \div 4 = 1.1 (km)$이고
$1km^2 = 10,000a$이므로
공원의 넓이는
$1.1km \times 1.1km = 1.21km^2$
$= 12,100a$

답 ①

2 수리능력을 구성하는 하위능력

(1) 기초연산능력

① 사칙연산 … 수에 관한 덧셈, 뺄셈, 곱셈, 나눗셈의 네 종류의 계산법으로 업무를 원활하게 수행하기 위해서는 기본적인 사칙연산뿐만 아니라 다단계의 복잡한 사칙연산까지도 수행할 수 있어야 한다.

② 검산 … 연산의 결과를 확인하는 과정으로 대표적인 검산방법으로 역연산과 구거법이 있다.
  ㉠ 역연산 : 덧셈은 뺄셈으로, 뺄셈은 덧셈으로, 곱셈은 나눗셈으로, 나눗셈은 곱셈으로 확인하는 방법이다.
  ㉡ 구거법 : 원래의 수와 각 자리 수의 합이 9로 나눈 나머지가 같다는 원리를 이용한 것으로 9를 버리고 남은 수로 계산하는 것이다.

예제 3

다음 식을 바르게 계산한 것은?

$$1 + \frac{2}{3} + \frac{1}{2} - \frac{3}{4}$$

① $\dfrac{13}{12}$ ② $\dfrac{15}{12}$

③ $\dfrac{17}{12}$ ④ $\dfrac{19}{12}$

[출제의도]
직장생활에서 필요한 기초적인 사칙연산과 계산방법을 이해하고 활용할 수 있는 능력을 평가하는 문제로서, 분수의 계산과 통분에 대한 기본적인 이해가 필요하다.

[해설]
$$\frac{12}{12} + \frac{8}{12} + \frac{6}{12} - \frac{9}{12} = \frac{17}{12}$$

답 ③

---

(2) 기초통계능력

① 업무수행과 통계
  ㉠ 통계의 의미 : 통계란 집단현상에 대한 구체적인 양적 기술을 반영하는 숫자이다.
  ㉡ 업무수행에 통계를 활용함으로써 얻을 수 있는 이점
    • 많은 수량적 자료를 처리가능하고 쉽게 이해할 수 있는 형태로 축소
    • 표본을 통해 연구대상 집단의 특성을 유추
    • 의사결정의 보조수단
    • 관찰 가능한 자료를 통해 논리적으로 결론을 추출·검증

© 기본적인 통계치
- 빈도와 빈도분포 : 빈도란 어떤 사건이 일어나거나 증상이 나타나는 정도를 의미하며, 빈도분포란 빈도를 표나 그래프로 종합적으로 표시하는 것이다.
- 평균 : 모든 사례의 수치를 합한 후 총 사례 수로 나눈 값이다.
- 백분율 : 전체의 수량을 100으로 하여 생각하는 수량이 그중 몇이 되는가를 퍼센트로 나타낸 것이다.

② 통계기법
③ 범위와 평균
- 범위 : 분포의 흩어진 정도를 가장 간단히 알아보는 방법으로 최곳값에서 최젓값을 뺀 값을 의미한다.
- 평균 : 집단의 특성을 요약하기 위해 가장 자주 활용하는 값으로 모든 사례의 수치를 합한 후 총 사례 수로 나눈 값이다.
- 관찰값이 1, 3, 5, 7, 9일 경우 범위는 $9 - 1 = 8$이 되고, 평균은 $\dfrac{1+3+5+7+9}{5} = 5$가 된다.

⑤ 분산과 표준편차
- 분산 : 관찰값의 흩어진 정도로, 각 관찰값과 평균값의 차의 제곱의 평균이다.
- 표준편차 : 평균으로부터 얼마나 떨어져 있는가를 나타내는 개념으로 분산값의 제곱근 값이다.
- 관찰값이 1, 2, 3이고 평균이 2인 집단의 분산은 $\dfrac{(1-2)^2 + (2-2)^2 + (3-2)^2}{3} = \dfrac{2}{3}$이고 표준편차는 분산값의 제곱근 값인 $\sqrt{\dfrac{2}{3}}$ 이다.

③ 통계자료의 해석
③ 다섯숫자요약
- 최솟값 : 원자료 중 값의 크기가 가장 작은 값
- 최댓값 : 원자료 중 값의 크기가 가장 큰 값
- 중앙값 : 최솟값부터 최댓값까지 크기에 의하여 배열했을 때 중앙에 위치하는 사례의 값
- 하위 25%값·상위 25%값 : 원자료를 크기 순으로 배열하여 4등분한 값
⑤ 평균값과 중앙값 : 평균값과 중앙값은 그 개념이 다르기 때문에 명확하게 제시해야 한다.

예제 4

인터넷 쇼핑몰에서 회원가입을 하고 디지털캠코더를 구매하려고 한다. 다음은 구입하고자 하는 모델에 대하여 인터넷 쇼핑몰 세 곳의 가격과 조건을 제시한 표이다. 표에 있는 모든 혜택을 적용하였을 때 디지털캠코더의 배송비를 포함한 실제 구매가격을 바르게 비교한 것은?

구분	A 쇼핑몰	B 쇼핑몰	C 쇼핑몰
정상가격	129,000원	131,000원	130,000원
회원혜택	7,000원 할인	3,500원 할인	7% 할인
할인쿠폰	5% 쿠폰	3% 쿠폰	5,000원
중복할인여부	불가	가능	불가
배송비	2,000원	무료	2,500원

① A<B<C

② B<C<A

③ C<A<B

④ C<B<A

[출제의도]
직장생활에서 자주 사용되는 기초적인 통계기법을 활용하여 자료의 특성과 경향성을 파악하는 능력이 요구되는 문제이다.

[해설]

㉠ A 쇼핑몰

• 회원혜택을 선택한 경우:
$129,000 - 7,000 + 2,000 = 124,000$(원)

• 5% 할인쿠폰을 선택한 경우:
$129,000 \times 0.95 + 2,000 = 124,550$

㉡ B 쇼핑몰:
$131,000 \times 0.97 - 3,500 = 123,570$

㉢ C 쇼핑몰

• 회원혜택을 선택한 경우:
$130,000 \times 0.93 + 2,500 = 123,400$

• 5,000원 할인쿠폰을 선택한 경우: $130,000 - 5,000 + 2,500 = 127,500$

∴ C<B<A

답 ④

(3) 도표분석능력

① 도표의 종류

㉠ **목적별**: 관리(계획 및 통제), 해설(분석), 보고

㉡ **용도별**: 경과 그래프, 내역 그래프, 비교 그래프, 분포 그래프, 상관 그래프, 계산 그래프

㉢ **형상별**: 선 그래프, 막대 그래프, 원 그래프, 점 그래프, 층별 그래프, 레이더 차트

② 도표의 활용

㉠ 선 그래프

• 주로 시간의 경과에 따라 수량에 의한 변화 상황(시계열 변화)을 절선의 기울기로 나타내는 그래프이다.

• 경과, 비교, 분포를 비롯하여 상관관계 등을 나타낼 때 쓰인다.

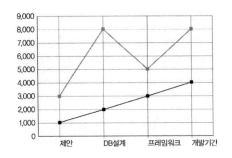

ⓛ 막대 그래프

• 비교하고자 하는 수량을 막대 길이로 표시하고 그 길이를 통해 수량 간의 대소관계를 나타내는 그래프이다.

• 내역, 비교, 경과, 도수 등을 표시하는 용도로 쓰인다.

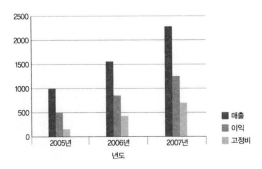

ⓒ 원 그래프

• 내역이나 내용의 구성비를 원을 분할하여 나타낸 그래프이다.

• 전체에 대해 부분이 차지하는 비율을 표시하는 용도로 쓰인다.

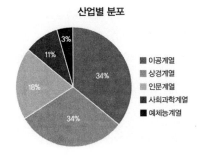

㉣ 점 그래프

- 종축과 횡축에 2요소를 두고 보고자 하는 것이 어떤 위치에 있는가를 나타내는 그래프이다.
- 지역분포를 비롯하여 도시, 기방, 기업, 상품 등의 평가나 위치·성격을 표시하는데 쓰인다.

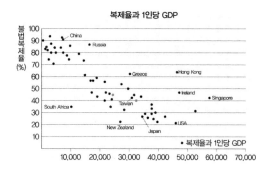

㉤ 층별 그래프

- 선 그래프의 변형으로 연속내역 봉 그래프라고 할 수 있다. 선과 선 사이의 크기로 데이터 변화를 나타낸다.
- 합계와 부분의 크기를 백분율로 나타내고 시간적 변화를 보고자 할 때나 합계와 각 부분의 크기를 실수로 나타내고 시간적 변화를 보고자 할 때 쓰인다.

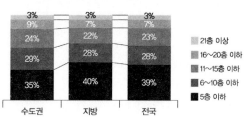

㉥ 레이더 차트(거미줄 그래프)

- 원 그래프의 일종으로 비교하는 수량을 직경, 또는 반경으로 나누어 원의 중심에서의 거리에 따라 각 수량의 관계를 나타내는 그래프이다.
- 비교하거나 경과를 나타내는 용도로 쓰인다.

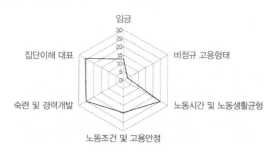

③ 도표 해석상의 유의사항

ㄱ 요구되는 지식의 수준을 넓힌다.

ㄴ 도표에 제시된 자료의 의미를 정확히 숙지한다.

ㄷ 도표로부터 알 수 있는 것과 없는 것을 구별한다.

ㄹ 총량의 증가와 비율의 증가를 구분한다.

ㅁ 백분위수와 사분위수를 정확히 이해하고 있어야 한다.

예제 5

다음 표는 2009 ～ 2010년 지역별 직장인들의 자기개발에 관해 조사한 내용을 정리한 것이다. 이에 대한 분석으로 옳은 것은?

(단위 : %)

연도 구분 지역	2009				2010			
	자기개발 하고 있음	자기개발 비용 부담 주체			자기개발 하고 있음	자기개발 비용 부담 주체		
		직장 100%	본인 100%	직장50%+ 본인50%		직장 100%	본인 100%	직장50%+ 본인50%
충청도	36.8	8.5	88.5	3.1	45.9	9.0	65.5	24.5
제주도	57.4	8.3	89.1	2.9	68.5	7.9	68.3	23.8
경기도	58.2	12	86.3	2.6	71.0	7.5	74.0	18.5
서울시	60.6	13.4	84.2	2.4	72.7	11.0	73.7	15.3
경상도	40.5	10.7	86.1	3.2	51.0	13.6	74.9	11.6

① 2009년과 2010년 모두 자기개발 비용을 본인이 100% 부담하는 사람의 수는 응답자의 절반 이상이다.

② 자기개발을 하고 있다고 응답한 사람의 수는 2009년과 2010년 모두 서울시가 가장 많다.

③ 자기개발 비용을 직장과 본인이 각각 절반씩 부담하는 사람의 비율은 2009년과 2010년 모두 서울시가 가장 높다.

④ 2009년과 2010년 모두 자기개발을 하고 있다고 응답한 비율이 가장 높은 지역에서 자기개발비용을 직장이 100% 부담한다고 응답한 사람의 비율이 가장 높다.

[출제의도]
그래프, 그림, 도표 등 주어진 자료를 이해하고 의미를 파악하여 필요한 정보를 해석하는 능력을 평가하는 문제이다.

[해설]
② 지역별 인원수가 제시되어 있지 않으므로, 각 지역별 응답자 수는 알 수 없다.

③ 2009년에는 경상도에서, 2010년에는 충청도에서 가장 높은 비율을 보인다.

④ 2009년과 2010년 모두 '자기개발을 하고 있다'고 응답한 비율이 가장 높은 지역은 서울시이며, 2010년의 경우 자기개발 비용을 직장이 100% 부담한다고 응답한 사람의 비율이 가장 높은 지역은 경상도이다.

답 ①

(4) 도표작성능력

① 도표작성 절차
　⊙ 어떠한 도표로 작성할 것인지를 결정
　ⓒ 가로축과 세로축에 나타낼 것을 결정
　ⓒ 한 눈금의 크기를 결정
　ⓔ 자료의 내용을 가로축과 세로축이 만나는 곳에 표현
　ⓜ 표현한 점들을 선분으로 연결
　ⓗ 도표의 제목을 표기

② 도표작성 시 유의사항
　⊙ 선 그래프 작성 시 유의점
　　• 세로축에 수량, 가로축에 명칭구분을 제시한다.
　　• 선의 높이에 따라 수치를 파악하는 경우가 많으므로 세로축의 눈금을 가로축보다 크게 하는 것이 효과적이다.
　　• 선이 두 종류 이상일 경우 반드시 그 명칭을 기입한다.
　ⓒ 막대 그래프 작성 시 유의점
　　• 막대 수가 많을 경우에는 눈금선을 기입하는 것이 알아보기 쉽다.
　　• 막대의 폭은 모두 같게 하여야 한다.
　ⓒ 원 그래프 작성 시 유의점
　　• 정각 12시의 선을 기점으로 오른쪽으로 그리는 것이 보통이다.
　　• 분할선은 구성비율이 큰 순서로 그린다.
　ⓔ 층별 그래프 작성 시 유의점
　　• 눈금은 선 그래프나 막대 그래프보다 적게 하고 눈금선은 넣지 않는다.
　　• 층별로 색이나 모양이 완전히 다른 것이어야 한다.
　　• 같은 항목은 옆에 있는 층과 선으로 연결하여 보기 쉽도록 한다.

출제예상문제

|1~7| 일정한 규칙을 찾아 빈칸에 들어갈 알맞은 숫자를 고르시오.

1

> 1 2 4 5 16 8 64 ( )

① 11   ② 28

③ 32   ④ 64

TIP 》 홀수 번째는 ×4, 짝수 번째는 +3의 규칙을 갖는다.

2

> 2 3 8 27 ( ) 565 3396

① 112   ② 129

③ 135   ④ 158

TIP 》 ×1+1, ×2+2, ×3+3, ×4+4, ×5+5, ×6+6…으로 변화한다.
따라서 빈칸에 들어갈 수는 27×4+4＝112이다.

3

> 10 13 22 49 130 ( ) 1102

① 364   ② 367

③ 370   ④ 373

TIP 》
10   13   22   49   130   (373)   1102

$+3^1$ $+3^2$ $+3^3$ $+3^4$ $+3^5$ $+3^6$
(3)   (9)   (27)   (81)   (243)   (729)

4

$$\frac{1}{10} \quad \frac{4}{20} \quad \frac{7}{30} \quad \frac{(\ )}{40} \quad \frac{13}{50} \quad \frac{16}{60}$$

① 8   ② 9
③ 10   ④ 11

TIP 》 분자의 경우는 3씩 증가하고 분모의 경우는 10씩 증가하고 있다.

5

31　4　3　　50　(　)　5　　72　18　6　　100　28　8

① 2   ② 3
③ 4   ④ 5

TIP 》 $\dfrac{31-4}{3}=9$, $\dfrac{50-(5)}{5}=9$, $\dfrac{72-18}{6}=9$, $\dfrac{100-28}{8}=9$

6

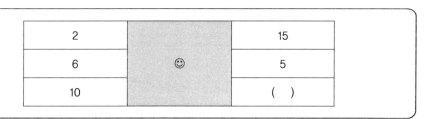

① 4   ② 3
③ 2   ④ 1

TIP 》 제시된 식은 마주 보는 수끼리 곱하면 모두 30의 값이 나온다. 그러므로 빈칸에는 3이 들어가야 한다.

7

6	9	12
18	( )	26
20	25	30

① 21 ② 22

③ 23 ④ 24

TIP 》 첫 번째 줄의 각 숫자의 차는 3이고, 두 번째 줄의 각 숫자의 차는 4이고, 세 번째 줄의 각 숫자의 차는 5이다.

8 세 자연수의 곱이 120이다. 셋 중 하나가 4라면 나머지 두 수의 합이 될 수 없는 것은?

① 11 ② 13

③ 15 ④ 17

TIP 》 두 수를 a, b라 하면
$4 \times a \times b = 120$
$a \times b = 30$
$\therefore (a,\ b) = (1,\ 30),\ (2,\ 15),\ (3,\ 10),\ (5,\ 6)$
a와 b의 합을 구하면 다음과 같다.
$1 + 30 = 31$
$2 + 15 = 17$
$3 + 10 = 13$
$5 + 6 = 11$

9 농도가 각각 12%, 4%인 소금물을 섞어서 400g의 소금물을 만들었다. 여기에 소금 30g을 더 넣었더니 농도가 16%인 소금물이 되었다. 이때, 12% 소금물의 양을 구하시오.

① 270g ② 275g

③ 280g ④ 285g

TIP 》 소금의 양 = 소금물의 양 × 농도, $x = 12\%$ 소금물의 양, $(400 - x) = 4\%$ 소금물의 양

농도가 각각 12%, 4%인 소금물을 섞었을 때 400g의 소금물이 되었는데 소금 30g을 더 넣었으므로 농도가 16%인 소금물의 양은 430g이라는 것을 알 수 있다. 따라서 다음과 같은 식이 성립된다.

$$\frac{0.12x + 0.04(400 - x) + 30}{430} \times 100 = 16$$

$$\therefore 12x + 4(400 - x) + 30 \times 100 = 16 \times 430$$

$$12x + 1600 - 4x + 3000 = 6880$$

$$8x = 2280$$

$$x = 285$$

10 남자 7명, 여자 5명으로 구성된 프로젝트 팀의 원활한 운영을 위해 운영진 두 명을 선출하려고 한다. 남자가 한 명도 선출되지 않을 확률은?

① $\dfrac{1}{11}$

② $\dfrac{4}{33}$

③ $\dfrac{5}{33}$

④ $\dfrac{2}{11}$

TIP 》 남자가 한 명도 선출되지 않을 확률은 여자만 선출될 확률과 같은 의미이다.

$$\frac{{}_5C_2}{{}_{12}C_2} = \frac{5 \times 4}{12 \times 11} = \frac{5}{33}$$

11 비가 온 다음 날 비가 올 확률은 $\dfrac{1}{3}$ 이고, 비가 오지 않은 다음 날 비가 올 확률은 $\dfrac{1}{4}$ 이다. 수요일에 비가 왔을 때, 금요일에 비가 올 확률은?

① $\dfrac{1}{9}$

② $\dfrac{1}{6}$

③ $\dfrac{2}{9}$

④ $\dfrac{5}{18}$

TIP 》 목요일에 비가 왔을 경우의 확률과 목요일에 비가 오지 않았을 경우의 확률을 더하면 된다.

목요일에 비가 오고, 금요일에 비가 올 확률 : $\dfrac{1}{3} \times \dfrac{1}{3} = \dfrac{1}{9}$

목요일에 비가 오지 않고, 금요일에 비가 올 확률 : $\dfrac{2}{3} \times \dfrac{1}{4} = \dfrac{1}{6}$

따라서 금요일에 비가 올 확률은 $\dfrac{1}{9} + \dfrac{1}{6} = \dfrac{2+3}{18} = \dfrac{5}{18}$ 이다.

ANSWER 〉 7.② 8.③ 9.④ 10.③ 11.④

12 기준이의 엄마와 아빠는 4살 차이이고, 엄마와 아빠 나이의 합은 기준이 나이의 다섯 배이다. 10년 후의 아빠의 나이가 기준이의 2배가 될 때, 엄마의 현재 나이는? (단, 아빠의 나이가 엄마의 나이보다 많다)

① 38세　　　　　　　　　　　② 40세

③ 42세　　　　　　　　　　　④ 44세

> **TIP 》** 엄마의 나이를 x, 아빠의 나이를 $x+4$, 기준이의 나이를 y라고 할 때,
> $x+x+4=5y \cdots$ ㉠
> $x+4+10=2(y+10) \cdots$ ㉡
> ㉠, ㉡ 두 식을 정리하여 연립하면,
> $x=38, y=16$이므로,
> 엄마는 38세, 아빠는 42세, 기준이는 16세이다.

13 20,000원을 모두 사용해서 800원짜리 색연필과 2,000원짜리 볼펜을 종류에 상관없이 최대한 많이 산다고 할 때 색연필과 볼펜을 합하여 총 몇 개를 살 수 있는가? (단, 색연필과 볼펜 모두 한 개 이상 사야한다)

① 25개　　　　　　　　　　　② 22개

③ 20개　　　　　　　　　　　④ 16개

> **TIP 》** 색연필 구매 개수를 x, 볼펜 구매 개수를 y라 할 때,
> $800x+2,000y=20,000$인 정수 x, y는 (5, 8), (10, 6), (15, 4), (20, 2)이므로 종류에 상관없이 최대한 많이 살 수 있는 경우는 (20, 2)로 총 22개를 살 수 있다.

14 A, B 두 사람이 어떤 일을 할 때 A 혼자 진행하면 12일, B 혼자 진행하면 8일이 걸린다. 이 일을 두 사람이 같이 하던 중 B가 아파서 며칠 동안 참여하지 못했고 일은 6일 만에 끝났다. B가 쉰 날은 며칠인가?

① 1일　　　　　　　　　　　② 2일

③ 3일　　　　　　　　　　　④ 4일

> **TIP 》** 하루에 A가 하는 일의 양은 $\frac{1}{12}$, 하루에 B가 하는 일의 양은 $\frac{1}{8}$
> A는 6일 동안 계속해서 일을 하였으므로 A가 한 일의 양은 $\frac{1}{12} \times 6 = \frac{1}{2}$
> (일의 양) － (A가 한 일의 양) = (B가 한 일의 양)
> $1 - \frac{1}{2} = \frac{1}{2}$
> B가 일을 하는데 걸린 시간은 $\frac{1}{2} \div \frac{1}{8} = 4$(일)이므로 B가 쉰 날은 2일이 된다.

15 서원산에는 등산로 A와 A보다 2km 더 긴 등산로 B가 있다. 민경이가 하루는 등산로 A로 올라갈 때는 시속 2km, 내려올 때는 시속 6km의 속도로 등산을 했고, 다른 날은 등산로 B로 올라갈 때는 시속 3km, 내려올 때는 시속 5km의 속도로 등산을 했다. 이틀 모두 동일한 시간에 등산을 마쳤을 때, 등산로 A, B의 거리의 합은?

① 16km   ② 18km

③ 20km   ④ 22km

> **TIP ≫** 등산로 A의 거리를 $a$km, 등산로 B의 거리를 $(a+2)$km라 하면
> $$\frac{a}{2} + \frac{a}{6} = \frac{a+2}{3} + \frac{a+2}{5}$$ 이므로
> $a = 8$km
> ∴ 등산로 A와 B의 거리의 합은 18km

16 원가가 9,000원인 제품에 15%의 이익이 있도록 정가를 정했는데 직원의 실수로 정가보다 1,000원 더 적은 가격의 스티커를 붙여 제품 50개가 판매되고 나서야 스티커가 잘못 붙었음을 알았다. 정가대로 판매했을 때보다 얼마의 손해를 입었는가?

① 50,000원   ② 57,500원

③ 60,000원   ④ 67,500원

> **TIP ≫** 정가를 구하지 않아도 정가보다 1,000원 적은 가격으로 50개를 판매했으므로 50,000원의 손해를 입었음을 알 수 있다.

17 어떤 학원의 지난해 학생 수는 230명이었다. 올해에는 지난해에 비해 남학생은 15% 증가하고, 여학생은 6% 감소하여 전체 학생 수는 3명이 증가하였다. 올해 여학생 수는?

① 122명   ② 126명

③ 133명   ④ 141명

> **TIP ≫** 지난해 남학생의 수를 x, 여학생의 수를 y라 하면, $x + y = 230$
> $1.15x + 0.94y = 233$
> $1.15(230 - y) + 0.94y = 233$
> $264.5 - 1.15y + 0.94y = 233$
> $0.21y = 31.5$
> ∴ $y = 150$
> 올해 여학생의 수는 $150 - 9 = 141$(명)이다.

ANSWER › 12.①   13.②   14.②   15.②   16.①   17.④

18 다음 표는 A지역 공무원 150명을 대상으로 설문조사를 실시한 뒤, 제출된 설문지의 문항별 응답 결과를 정리한 것이다. 표와 〈조건〉을 적용한 〈보기〉의 설명 중 옳은 것만을 모두 고르면?

〈표〉 설문지 문항별 응답 결과

(단위 : 명)

문항	응답 결과		문항	응답 결과	
	응답속성	응답수		응답속성	응답수
성	남자	63	소속기관	고용센터	71
	여자	63		시청	3
연령	29세 이하	13		고용노동청	41
	30~39세	54	직급	5급 이상	4
	40~49세	43		6~7급	28
	50세 이상	15		8~9급	44
학력	고졸이하	6	직무유형	취업지원	34
	대졸	100		고용지원	28
	대학원 재학 이상	18		기업지원	27
근무기간	2년 미만	19		실업급여 상담	14
	2년 이상 5년 미만	24		외국인 채용	8
	5년 이상 10년 미만	21		기획 총괄	5
	10년 이상	23		기타	8

〈조건〉
• 설문조사는 동일 시점에 조사 대상자별로 독립적으로 이루어졌다.
• 설문조사 대상자 1인당 1부의 동일한 설문지를 배포하였다.
• 설문조사 문항별로 응답 거부는 허용된 반면 복수 응답은 허용되지 않았다.
• 배포된 150부의 설문지 중 제출된 130부로 문항별 응답결과를 정리하였다.

〈보기〉
㉠ 배포된 설문지 중 제출된 설문지 비율은 85% 이상이다.
㉡ 전체 설문조사 대상자의 학력 분포에서 '고졸 이하'의 비율이 가장 낮다.
㉢ 제출된 설문지의 문항별 응답률은 '직무유형'이 '소속기관'보다 높다.
㉣ '직급' 문항 응답자 중 '8~9급' 비율은 '근무기간' 문항 응답자 중 5년 이상이라고 응답한 비율보다 높다.

① ㉠, ㉡
② ㉠, ㉣
③ ㉠, ㉢, ㉣
④ ㉡, ㉢, ㉣

TIP》 ㉡ 학력에 대해 응답한 사람은 $6+100+18=124$(명)이다. 무응답자는 26명이므로 고졸 이하의 최대 인원은 32명이다. 따라서 고졸 이하의 비율이 가장 낮다고 할 수 없다.

㉠ $130 \div 150 \times 100 = 86.7$

㉢ 직무유형 응답률 : $(34+28+27+14+8+5+8) \div 130 = 0.95$

소속기관 응답률 : $(71+3+41) \div 130 = 0.88$

㉣ '직급' 문항 응답자 중 '8~9급' 비율 : $44 \div (4+28+44) = 0.58$

'근무기간' 문항 응답자 중 5년 이상 비율 : $(21+23) \div (19+24+21+23) = 0.51$

19 다음 표의 빈칸 ㉠, ㉡에 들어갈 수치는 순서대로 각각 얼마인가? (금액은 소수점 이하 절삭 후 원 단위 표시, 증감률은 반올림하여 소수점 첫째 자리까지 표시함)

〈표〉 연도별 자산 및 부채 현황

(단위 : 만 원, %)

	자산총액	금융자산	저축액	전월세보증금	실물자산	부동산	부채총액	금융부채	임대보증금	순자산액
2011	29,765	6,903	5,023	1,880	22,862	21,907	5,205	3,597	1,608	24,560
2012	32,324	8,141	5,910	2,231	24,184	22,505	5,450	3,684	1,766	26,875
2013	32,688	8,827	6,464	2,363	23,861	22,055	5,858	3,974	1,884	26,831
2014	33,539	9,013	6,676	2,338	24,526	22,678	6,051	4,118	1,933	27,488
2015	34,685	9,290	6,926	2,363	25,396	23,649	6,256	4,361	1,896	28,429
2016	36,637	9,638	7,186	2,453	26,999	25,237	6,719	4,721	1,998	29,918
2017	( )	(㉠)	( )	2,501	28,380	26,635	7,022	4,998	2,024	31,138
증감률	4.2	( )	1.3	(㉡)	5.1	5.5	4.5	5.9	1.3	4.1

① 9,650 / 1.9

② 9,685 / 2.0

③ 9,735 / 1.5

④ 9,780 / 2.0

TIP》 저축액의 2017년 증감률이 1.3%이므로 이를 통해 2017년의 저축액을 x라 할 때 다음과 같이 2017년의 저축액을 구할 수 있다.

$(x-7,186) \div 7,186 \times 100 = 1.3$

이를 풀면 x는 7,279만 원이 되며 따라서 ㉠은 7,279+2,501=9,780이 된다.

㉡은 $(2,501-2,453) \div 2,453 \times 100 = $약 2.0%가 된다.

20 다음은 A~E기업의 재무 자료이다. 다음 자료에서 재고자산 회전율이 가장 높은 기업과 매출채권 회전율이 가장 높은 기업을 바르게 짝지은 것은?

(단위 : 억원)

기업	매출액	재고자산	매출채권	매입채무
A	1,000	50	30	20
B	2,000	40	80	50
C	1,500	80	30	50
D	2,500	60	90	25
E	3,000	80	30	20

※ 재고자산 회전율(회) $= \dfrac{\text{매출액}}{\text{재고자산}}$

※ 매출채권 회전율(회) $= \dfrac{\text{매출액}}{\text{매출채권}}$

① A, B
② C, D
③ B, E
④ E, A

TIP 》

	재고자산 회전율(회)	매출채권 회전율(회)
A	$\dfrac{1,000}{50} = 20$	$\dfrac{1,000}{30} = 33.34$
B	$\dfrac{2,000}{40} = 50$	$\dfrac{2,000}{80} = 25$
C	$\dfrac{1,500}{80} = 18.75$	$\dfrac{1,500}{30} = 50$
D	$\dfrac{2,500}{60} = 41.67$	$\dfrac{2,500}{90} = 27.78$
E	$\dfrac{3,000}{80} = 37.5$	$\dfrac{3,000}{30} = 100$

21 L그룹은 직원들의 인문학 역량 향상을 위하여 독서 캠페인을 진행하고 있다. 다음 〈표〉는 인사팀 사원 6명의 지난달 독서 현황을 보여주는 자료이다. 이 자료를 바탕으로 할 때, 〈보기〉의 설명 가운데 옳지 않은 것을 모두 고르면?

〈표〉인사팀 사원별 독서 현황

구분 \ 사원	준호	영우	나현	준걸	주연	태호
성별	남	남	여	남	여	남
독서량(권)	0	2	6	4	8	10

〈보기〉
㉠ 인사팀 사원들의 평균 독서량은 5권이다.
㉡ 남자 사원인 동시에 독서량이 5권 이상인 사원수는 남자 사원수의 50% 이상이다.
㉢ 독서량이 2권 이상인 사원 가운데 남자 사원의 비율은 인사팀에서 여자 사원 비율의 2배이다.
㉣ 여자 사원이거나 독서량이 7권 이상인 사원수는 전체 인사팀 사원수의 50% 이상이다.

① ㉠, ㉡
② ㉠, ㉢
③ ㉡, ㉢
④ ㉡, ㉣

TIP 》 ㉡ 남자 사원인 동시에 독서량이 5권 이상인 사람은 남자 사원 4명 가운데 '태호' 한 명이다. 1/4=25(%)이므로 옳지 않은 설명이다.

㉢ 독서량이 2권 이상인 사원 가운데 남자 사원의 비율 : 3/5

인사팀에서 여자 사원 비율 : 2/6

전자가 후자의 2배 미만이므로 옳지 않은 설명이다.

㉠ $\dfrac{독서량}{전체\ 사원\ 수} = \dfrac{30}{6} = 5$(권)이므로 옳은 설명이다.

㉣ 해당되는 사람은 '나현, 주연, 태호'이므로 3/6=50(%)이다. 따라서 옳은 설명이다.

| 22~23 | 다음은 공무원 단체 가입 현황에 관한 통계자료이다. 물음에 답하시오.

(단위 : 명, %)

구분		2005	2006	2007	2008	2009	2010
전체	가입대상	264,410	275,827	282,100	288,895	300,235	289,057
	가입자	172,190	187,647	135,885	219,587	228,934	185,998
	가입률	65.1	68.0	48.2	76.0	76.3	64.3
중앙부처	가입대상	49,417	46,689	41,284	43,560	56,737	56,651
	가입자	18,511	21,842	33,911	35,488	37,479	31,792
	가입률	37.5	46.8	82.1	81.5	66.0	56.1
지방자치단체 (광역)	가입대상	28,284	30,109	47,476	34,593	34,053	35,778
	가입자	22,696	24,296	23,253	26,701	27,554	26,106
	가입률	80.2	80.7	48.9	77.2	79.2	73.0
지방자치단체 (기초)	가입대상	150,460	158,887	157,203	150,051	147,980	147,221
	가입자	124,382	131,271	49,773	123,319	118,744	102,670
	가입률	82.7	82.6	31.6	82.2	80.2	69.7
교육청	가입대상	36,249	40,142	36,137	51,298	49,859	49,407
	가입자	6,601	10,238	28,948	34,079	35,382	25,430
	가입률	18.2	25.5	80.1	66.4	72.2	51.5

22 다음 설명 중 틀린 해석은?

① 가입자는 증감을 반복하고 있다.

② 중앙부처의 가입률이 교육청의 가입률보다 매년 더 높다.

③ 2010년 현재 비가입자 수보다 가입자 수가 더 많다고 할 수 있다.

④ 2007년도가 가입대상자 대비 가입자의 비율이 가장 작았던 해다.

> **TIP 》** ② 2009년에는 중앙부처의 가입률이 교육청의 가입률보다 더 낮다.

23 2008년 교육청 비가입자 수는?

① 17,236명   ② 17,450명

③ 18,050명   ④ 18,670명

> **TIP 》** 비가입률 $100 - 66.4 = 33.6(\%)$
>
> $51,298 \times \dfrac{33.6}{100} = 17,236(명)$

| 24~25 | 다음은 지방자치단체별 재정지수에 관한 표이다. 물음에 답하시오.

(단위 : 십억 원)

자치 단체명	기준재정 수입액	기준재정 수요액
A	4,520	3,875
B	1,342	1,323
C	892	898
D	500	520
E	2,815	1,620
F	234	445
G	342	584
H	185	330
I	400	580
J	82	164

※ 재정력지수＝기준재정 수입액÷기준재정 수요액

24 다음 설명 중 옳지 않은 것은?

① 자치단체 F의 재정력지수는 자치단체 I보다 작다.

② 자치단체 G의 재정력지수는 자치단체 H보다 크다.

③ 자치단체 A, B, C, D의 재정력지수는 모두 1보다 크다.

④ 자치단체 E의 재정력지수는 1보다 크다.

TIP 》 ③ A : $4,520 \div 3,875 = 1.17$

　　　B : $1,342 \div 1,323 = 1.01$

　　　C : $892 \div 898 = 0.99$

　　　D : $500 \div 520 = 0.96$

　① F : $234 \div 445 = 0.53$

　　　I : $400 \div 580 = 0.69$

　② G : $342 \div 584 = 0.59$

　　　H : $185 \div 330 = 0.56$

　④ E : $2,815 \div 1,620 = 1.74$

25 A~D 중 재정력지수가 가장 높은 지방자치단체는?

① A   ② B
③ C   ④ D

TIP 》 A : $4,520 \div 3,875 = 1.17$
B : $1,342 \div 1,323 = 1.01$
C : $892 \div 898 = 0.99$
D : $500 \div 520 = 0.96$

CHAPTER

03 문제해결능력

1 문제와 문제해결

(1) 문제의 정의와 분류

① 정의 … 문제란 업무를 수행함에 있어서 답을 요구하는 질문이나 의논하여 해결해야 되는 사항이다.

② 문제의 분류

구분	창의적 문제	분석적 문제
문제제시 방법	현재 문제가 없더라도 보다 나은 방법을 찾기 위한 문제 탐구→문제 자체가 명확하지 않음	현재의 문제점이나 미래의 문제로 예견될 것에 대한 문제 탐구→문제 자체가 명확함
해결방법	창의력에 의한 많은 아이디어의 작성을 통해 해결	분석, 논리, 귀납과 같은 논리적 방법을 통해 해결
해답 수	해답의 수가 많으며, 많은 답 가운데 보다 나은 것을 선택	답의 수가 적으며 한정되어 있음
주요특징	주관적, 직관적, 감각적, 정성적, 개별적, 특수성	객관적, 논리적, 정량적, 이성적, 일반적, 공통성

(2) 업무수행과정에서 발생하는 문제 유형

① 발생형 문제(보이는 문제) … 현재 직면하여 해결하기 위해 고민하는 문제이다. 원인이 내재되어 있기 때문에 원인지향적인 문제라고도 한다.
  ㉠ 일탈문제 : 어떤 기준을 일탈함으로써 생기는 문제
  ㉡ 미달문제 : 어떤 기준에 미달하여 생기는 문제

② 탐색형 문제(찾는 문제) … 현재의 상황을 개선하거나 효율을 높이기 위한 문제이다. 방치할 경우 큰 손실이 따르거나 해결할 수 없는 문제로 나타나게 된다.
  ㉠ 잠재문제 : 문제가 잠재되어 있어 인식하지 못하다가 확대되어 해결이 어려운 문제
  ㉡ 예측문제 : 현재로는 문제가 없으나 현 상태의 진행 상황을 예측하여 찾아야 앞으로 일어날 수 있는 문제가 보이는 문제

© 발견문제 : 현재로서는 담당 업무에 문제가 없으나 선진기업의 업무 방법 등 보다 좋은 제도나 기법을 발견하여 개선시킬 수 있는 문제

③ 설정형 문제(미래 문제) … 장래의 경영전략을 생각하는 것으로 앞으로 어떻게 할 것인가 하는 문제이다. 문제해결에 창조적인 노력이 요구되어 창조적 문제라고도 한다.

예제 1

D회사 신입사원으로 입사한 귀하는 신입사원 교육에서 업무수행과정에서 발생하는 문제 유형 중 설정형 문제를 하나씩 찾아오라는 지시를 받았다. 이에 대해 귀하는 교육받은 내용을 다시 복습하려고 한다. 설정형 문제에 해당하는 것은?

① 현재 직면하여 해결하기 위해 고민하는 문제
② 현재의 상황을 개선하거나 효율을 높이기 위한 문제
③ 앞으로 어떻게 할 것인가 하는 문제
④ 원인이 내재되어 있는 원인지향적인 문제

[출제의도]
업무수행 중 문제가 발생하였을 때 문제 유형을 구분하는 능력을 측정하는 문항이다.
[해설]
업무수행과정에서 발생하는 문제 유형으로는 발생형 문제, 탐색형 문제, 설정형 문제가 있으며 ①④는 발생형 문제이며 ②는 탐색형 문제, ③이 설정형 문제이다.

답 ③

---

(3) 문제해결

① **정의** … 목표와 현상을 분석하고 이 결과를 토대로 과제를 도출하여 최적의 해결책을 찾아 실행·평가해 가는 활동이다.

② **문제해결에 필요한 기본적 사고**
  ㉠ **전략적 사고** : 문제와 해결방안이 상위 시스템과 어떻게 연결되어 있는지를 생각한다.
  ㉡ **분석적 사고** : 전체를 각각의 요소로 나누어 그 의미를 도출하고 우선순위를 부여하여 구체적인 문제해결방법을 실행한다.
  ㉢ **발상의 전환** : 인식의 틀을 전환하여 새로운 관점으로 바라보는 사고를 지향한다.
  ㉣ **내·외부자원의 활용** : 기술, 재료, 사람 등 필요한 자원을 효과적으로 활용한다.

③ **문제해결의 장애요소**
  ㉠ 문제를 철저하게 분석하지 않는 경우
  ㉡ 고정관념에 얽매이는 경우
  ㉢ 쉽게 떠오르는 단순한 정보에 의지하는 경우
  ㉣ 너무 많은 자료를 수집하려고 노력하는 경우

④ 문제해결방법
　　㉠ 소프트 어프로치 : 문제해결을 위해서 직접적인 표현보다는 무언가를 시사하거나 암시를 통하여 의사를 전달하여 문제해결을 도모하고자 한다.
　　㉡ 하드 어프로치 : 상이한 문화적 토양을 가지고 있는 구성원을 가정하고, 서로의 생각을 직설적으로 주장하고 논쟁이나 협상을 통해 서로의 의견을 조정해 가는 방법이다.
　　㉢ 퍼실리테이션(facilitation) : 촉진을 의미하며 어떤 그룹이나 집단이 의사결정을 잘 하도록 도와주는 일을 의미한다.

2　문제해결능력을 구성하는 하위능력

(1) 사고력

① 창의적 사고 … 개인이 가지고 있는 경험과 지식을 통해 새로운 가치 있는 아이디어를 산출하는 사고능력이다.
　㉠ 창의적 사고의 특징
　　• 정보와 정보의 조합
　　• 사회나 개인에게 새로운 가치 창출
　　• 창조적인 가능성

예제 2

M사 홍보팀에서 근무하고 있는 귀하는 입사 5년차로 창의적인 기획안을 제출하기로 유명하다. S부장은 이번 신입사원 교육 때 귀하에게 창의적인 사고란 무엇인지 교육을 맡아달라고 부탁하였다. 창의적인 사고에 대한 귀하의 설명으로 옳지 않은 것은?

① 창의적인 사고는 새롭고 유용한 아이디어를 생산해 내는 정신적인 과정이다.
② 창의적인 사고는 특별한 사람들만이 할 수 있는 대단한 능력이다.
③ 창의적인 사고는 기존의 정보들을 특정한 요구조건에 맞거나 유용하도록 새롭게 조합시킨 것이다.
④ 창의적인 사고는 통상적인 것이 아니라 기발하거나, 신기하며 독창적인 것이다.

[출제의도]
창의적 사고에 대한 개념을 정확히 파악하고 있는지를 묻는 문항이다.
[해설]
흔히 사람들은 창의적인 사고에 대해 특별한 사람들만이 할 수 있는 대단한 능력이라고 생각하지만 그리 대단한 능력이 아니며 이미 알고 있는 경험과 지식을 해체하여 다시 새로운 정보로 결합하여 가치 있는 아이디어를 산출하는 사고라고 할 수 있다.

답 ②

ⓛ 발산적 사고 : 창의적 사고를 위해 필요한 것으로 자유연상법, 강제연상법, 비교발상법 등을 통해 개발할 수 있다.

구분	내용
자유연상법	생각나는 대로 자유롭게 발상 **예** 브레인스토밍
강제연상법	각종 힌트에 강제적으로 연결 지어 발상 **예** 체크리스트
비교발상법	주제의 본질과 닮은 것을 힌트로 발상 **예** NM법, Synectics

Point 》 브레인스토밍
　ⓐ 진행방법
　　• 주제를 구체적이고 명확하게 정한다.
　　• 구성원의 얼굴을 볼 수 있는 좌석 배치와 큰 용지를 준비한다.
　　• 구성원들의 다양한 의견을 도출할 수 있는 사람을 리더로 선출한다.
　　• 구성원은 다양한 분야의 사람들로 5~8명 정도로 구성한다.
　　• 발언은 누구나 자유롭게 할 수 있도록 하며, 모든 발언 내용을 기록한다.
　　• 아이디어에 대한 평가는 비판해서는 안 된다.
　ⓑ 4대 원칙
　　• 비판엄금(Support) : 평가 단계 이전에 결코 비판이나 판단을 해서는 안 되며 평가는 나중까지 유보한다.
　　• 자유분방(Silly) : 무엇이든 자유롭게 말하고 이런 바보 같은 소리를 해서는 안 된다는 등의 생각은 하지 않아야 한다.
　　• 질보다 양(Speed) : 질에는 관계없이 가능한 많은 아이디어들을 생성해내도록 격려한다.
　　• 결합과 개선(Synergy) : 다른 사람의 아이디어에 자극되어 보다 좋은 생각이 떠오르고, 서로 조합하면 재미있는 아이디어가 될 것 같은 생각이 들면 즉시 조합시킨다.

② 논리적 사고 … 사고의 전개에 있어 전후의 관계가 일치하고 있는가를 살피고 아이디어를 평가하는 사고능력이다.

　ⓐ 논리적 사고를 위한 5가지 요소 : 생각하는 습관, 상대 논리의 구조화, 구체적인 생각, 타인에 대한 이해, 설득

　ⓑ 논리적 사고 개발 방법

　　• 피라미드 구조 : 하위의 사실이나 현상부터 사고하여 상위의 주장을 만들어가는 방법

　　• so what기법 : '그래서 무엇이지?'하고 자문자답하여 주어진 정보로부터 가치 있는 정보를 이끌어 내는 사고 기법

③ 비판적 사고 … 어떤 주제나 주장에 대해서 적극적으로 분석하고 종합하며 평가하는 능동적인 사고이다.

　ⓐ 비판적 사고 개발 태도 : 비판적 사고를 개발하기 위해서는 지적 호기심, 객관성, 개방성, 융통성, 지적 회의성, 지적 정직성, 체계성, 지속성, 결단성, 다른 관점에 대한 존중과 같은 태도가 요구된다.

ⓛ 비판적 사고를 위한 태도
- 문제의식 : 비판적인 사고를 위해서 가장 먼저 필요한 것은 바로 문제의식이다. 자신이 지니고 있는 문제와 목적을 확실하고 정확하게 파악하는 것이 비판적인 사고의 시작이다.
- 고정관념 타파 : 지각의 폭을 넓히는 일은 정보에 대한 개방성을 가지고 편견을 갖지 않는 것으로 고정관념을 타파하는 일이 중요하다.

(2) 문제처리능력과 문제해결절차

① 문제처리능력 … 목표와 현상을 분석하고 이를 토대로 문제를 도출하여 최적의 해결책을 찾아 실행·평가하는 능력이다.

② 문제해결절차 … 문제 인식 → 문제 도출 → 원인 분석 → 해결안 개발 → 실행 및 평가
ⓛ 문제 인식 : 문제해결과정 중 'waht'을 결정하는 단계로 환경 분석 → 주요 과제 도출 → 과제 선정의 절차를 통해 수행된다.
- 3C 분석 : 환경 분석 방법의 하나로 사업환경을 구성하고 있는 요소인 자사(Company), 경쟁사(Competitor), 고객(Customer)을 분석하는 것이다.

예제 3

L사에서 주력 상품으로 밀고 있는 TV의 판매 이익이 감소하고 있는 상황에서 귀하는 B부장으로부터 3C분석을 통해 해결방안을 강구해 오라는 지시를 받았다. 다음 중 3C에 해당하지 않는 것은?

① Customer
② Company
③ Competitor
④ Content

[출제의도]
3C의 개념과 구성요소를 정확히 숙지하고 있는지를 측정하는 문항이다.
[해설]
3C 분석에서 사업 환경을 구성하고 있는 요소인 자사(Company), 경쟁사(Competitor), 고객을 3C(Customer)라고 한다. 3C 분석에서 고객 분석에서는 '고객은 자사의 상품·서비스에 만족하고 있는지'를, 자사 분석에서는 '자사가 세운 달성목표와 현상 간에 차이가 없는지'를 경쟁사 분석에서는 '경쟁기업의 우수한 점과 자사의 현상과 차이가 없는지'에 대한 질문을 통해서 환경을 분석하게 된다.

답 ④

- SWOT 분석 : 기업내부의 강점과 약점, 외부환경의 기회와 위협요인을 분석·평가하여 문제해결 방안을 개발하는 방법이다.

		내부환경요인	
		강점(Strengths)	약점(Weaknesses)
외부환경요인	기회 (Opportunities)	SO 내부강점과 외부기회 요인을 극대화	WO 외부기회를 이용하여 내부약점을 강점으로 전환
	위협 (Threat)	ST 외부위협을 최소화하기 위해 내부 강점을 극대화	WT 내부약점과 외부위협을 최소화

ⓛ 문제 도출 : 선정된 문제를 분석하여 해결해야 할 것이 무엇인지를 명확히 하는 단계로, 문제 구조 파악 → 핵심 문제 선정 단계를 거쳐 수행된다.
  - Logic Tree : 문제의 원인을 파고들거나 해결책을 구체화할 때 제한된 시간 안에서 넓이와 깊이를 추구하는데 도움이 되는 기술로 주요 과제를 나무모양으로 분해·정리하는 기술이다.

ⓒ 원인 분석 : 문제 도출 후 파악된 핵심 문제에 대한 분석을 통해 근본 원인을 찾는 단계로 Issue 분석 → Data 분석 → 원인 파악의 절차로 진행된다.

ⓔ 해결안 개발 : 원인이 밝혀지면 이를 효과적으로 해결할 수 있는 다양한 해결안을 개발하고 최선의 해결안을 선택하는 것이 필요하다.

ⓜ 실행 및 평가 : 해결안 개발을 통해 만들어진 실행계획을 실제 상황에 적용하는 활동으로 실행계획 수립 → 실행 → Follow-up의 절차로 진행된다.

예제 4

C사는 최근 국내 매출이 지속적으로 하락하고 있어 사내 분위기가 심상치 않다. 이에 대해 Y부장은 이 문제를 극복하고자 문제처리 팀을 구성하여 해결방안을 모색하도록 지시하였다. 문제처리 팀의 문제해결 절차를 올바른 순서로 나열한 것은?

① 문제 인식 → 원인 분석 → 해결안 개발 → 문제 도출 → 실행 및 평가
② 문제 도출 → 문제 인식 → 해결안 개발 → 원인 분석 → 실행 및 평가
③ 문제 인식 → 원인 분석 → 문제 도출 → 해결안 개발 → 실행 및 평가
④ 문제 인식 → 문제 도출 → 원인 분석 → 해결안 개발 → 실행 및 평가

출제예상문제

1 다음은 교정회사별 교정료에 관한 정보이다. 다음 정보에 근거하여 소요 시간에 상관 없이 7,000단어인 논문을 1차로 일반 교정하고 재교정(일반 교정)을 할 경우 교정료 합계가 가장 비싼 회사는 어디인가?

교정 회사	교정료		
	일반 교정	프리미엄 교정	비고
A	• 단어당 100원	• 단어당 200원	• 재교정시 재교정 금액 50%할인 • 단어 수에 상관없이 5일 소요
B	• 2,000단어 이하 : 150,000원 • 2,001~5,000단어 : 300,000원 • 5,001~8,000단어 : 450,000원 • 8,001~12,000단어 : 700,000원	• 2,000단어 이하 : 300,000원 • 2,001~5,000단어 : 500,000원 • 5,001~8,000단어 : 800,000원 • 8,001~12,000단어 : 1,200,000원	• 재교정시 단어수에 상관없이 200,000원 • 5,000단어까지는 4일 소요, 5,001단어 이상은 7일 소요
C	• 5,000단어 이하 : 단어당 100원 • 5,001~10,000단어 : 단어당 90원 • 10,000단어 초과 : 단어당 80원	• 5,000단어 이하 : 단어당 250원 • 5,001~10,000단어 : 단어당 200원 • 10,000단어 초과 : 단어당 160원	• 재교정시 1차 교정 시와 교정료 동일 • 단어 수에 상관없이 6일 소요
D	• 단어당 110원 • 단, 5,001단어 이상일 경우 교정료의 20% 할인	• 단어당 240원 • 단, 5,001단어 이상일 경우 단어당 200원	• 재교정시 1차 교정 시와 교정료 동일 • 5,000단어까지는 4일 소요, 5,001단어 이상은 6일 소요

① A
② B
③ C
④ D

TIP 》 A : 700,000+350,000=1,050,000원
B : 450,000+200,000=650,000원
C : 630,000+630,000=1,260,000원
D : 616,000+616,000=1,232,000원

2 다음은 혜은이가 기록한 지난주의 날씨이다. 오전에는 흐리다가 오후에 비가 내린 날은 언제인가?

- 월요일 : 하루 종일 비가 오지 않았다.
- 화요일 : 오전엔 맑았다가 오후엔 금요일 오후와 같았다.
- 수요일 : 하루 종일 일요일 오전과 같은 날씨가 아니었다.
- 목요일 : 오전엔 토요일 오전과 같았고 오후엔 일요일 오전과 같았다.
- 금요일 : 월요일과 같았다가 오후에 흐려졌다.
- 토요일 : 오전엔 화요일 오후와 같다가 오후엔 비가 내렸다.
- 일요일 : 오전엔 토요일 오후와 같다가 오후엔 토요일 오전과 같았다.

---

① 목요일, 토요일
② 수요일, 일요일
③ 화요일, 수요일
④ 토요일, 일요일

TIP 》 주어진 조건에 따르면 다음과 같다. 따라서 오전에는 흐리다가 오후에 비가 내린 날은 목요일과 토요일이다.

	오전	오후
월요일	비가 안 옴	비가 안 옴
화요일	맑음	흐림
수요일	비가 안 옴	비가 안 옴
목요일	흐림	비가 내림
금요일	비가 안 옴	흐림
토요일	흐림	비가 내림
일요일	비가 내림	흐림

ANSWER 〉 1.③ 2.①

3 다음은 3C 분석을 위한 도표이다. 빈칸에 들어갈 질문으로 옳지 않은 것은?

구분	내용
고객/시장(Customer)	• 우리의 현재와 미래의 고객은 누구인가? • _____㉠_____ • _____㉡_____ • 시장의 주 고객들의 속성과 특성은 어떠한가?
경쟁사(Competitor)	• _____㉢_____ • 현재의 경쟁사들의 강점과 약점은 무엇인가?
자사(Company)	• 해당 사업이 기업의 목표와 일치하는가? • 기존 사업의 마케팅과 연결되어 시너지효과를 낼 수 있는가? • _____㉣_____

① ㉠ : 새로운 경쟁사들이 시장에 진입할 가능성은 없는가?

② ㉡ : 성장 가능성이 있는 사업인가?

③ ㉢ : 고객들은 경쟁사에 대해 어떤 이미지를 가지고 있는가?

④ ㉣ : 인적·물적·기술적 자원을 보유하고 있는가?

TIP 》 새로운 경쟁사들이 시장에 진입할 가능성은 경쟁사(Competitor)분석에 들어가야 할 질문이다.

4 다음은 5가지의 영향력을 행사하는 방법과 수민, 홍진이의 발언이다. 수민이와 홍진이의 발언은 각각 어떤 방법에 해당하는가?

〈영향력을 행사하는 방법〉

• 합리적 설득 : 논리와 사실을 이용하여 제안이나 요구가 실행 가능하고, 그 제안이나 요구가 과업 목표 달성을 위해 필요하다는 것을 보여주는 방법
• 연합 전술 : 영향을 받는 사람들이 제안을 지지하거나 어떤 행동을 하도록 만들기 위해 다른 사람의 지지를 이용하는 방법
• 영감에 호소 : 이상에 호소하거나 감정을 자극하여 어떤 제안이나 요구사항에 몰입하도록 만드는 방법
• 교환 전술 : 제안에 대한 지지에 상응하는 대가를 제공하는 방법
• 합법화 전술 : 규칙, 공식적 방침, 공식 문서 등을 제시하여 제안의 적법성을 인식시키는 방법

〈발언〉

• 수민 : 이번에 내가 제안한 기획안이 이사회의 허락을 얻으면 당신이 오랜 기간 공들인 사업이 폐지될 수 있다는 것을 잘 알고 있습니다. 하지만 이번에 당신이 나를 도와 이 기획안을 지지해준다면 이번 기획을 통해 성사되는 계약의 성과 중 일부를 당신과 나누도록 하겠습니다.
• 홍진 : 이 계획은 앞서 본부에서 한 달 전에 각 지사에 시달한 공문에 근거한 것입니다. 또한 이 계획을 시행될 사업과 관련한 세부적인 방법도 이미 본부에서 마련하였고, 절차상 아무 문제도 없습니다.

	수민	홍진
①	교환 전술	영감에 호소
②	교환 전술	합법화 전술
③	영감에 호소	합법화 전술
④	합리적 설득	연합 전술

TIP 》 ㉠ 수민 : 계약의 성과 중 일부를 나눈다고 하였으므로 지지에 상응하는 대가를 제공하는 '교환 전술'에 해당한다.
㉡ 홍진 : 공문에 근거한 것이고 절차상 아무 문제도 없다고 하였으므로 제안의 적법성을 인식시키는 '합법화 전술'에 해당한다.

ANSWER 〉 3.① 4.②

5 G 음료회사는 신제품 출시를 위해 시제품 3개를 만들어 전직원을 대상으로 블라인드 테스트를 진행한 후 기획팀에서 회의를 하기로 했다. 독창성, 대중성, 개인선호도 세 가지 영역에 총 15점 만점으로 진행된 테스트 결과가 다음과 같을 때, 기획팀 직원들의 발언으로 옳지 않은 것은?

	독창성	대중성	개인선호도	총점
시제품 A	5	2	3	10
시제품 B	4	4	4	12
시제품 C	2	5	5	12

① 우리 회사의 핵심가치 중 하나가 창의성 아닙니까? 저는 독창성 점수가 높은 A를 출시해야 한다고 생각합니다.

② 독창성이 높아질수록 총점이 낮아지는 것을 보지 못하십니까? 저는 그 의견에 반대합니다.

③ 무엇보다 현 시점에서 회사의 재정상황을 타계하기 위해서는 대중성을 고려하여 높은 이윤이 날 것으로 보이는 C를 출시해야 하지 않겠습니까?

④ 그럼 독창성과 대중성, 개인선호도를 모두 고려하여 B를 출시하는 것이 어떻겠습니까?

> **TIP 》** ② 시제품 B는 C에 비해 독창성 점수가 2점 높지만 총점은 같다. 따라서 옳지 않은 발언이다.

6 철기, 준영, 해영, 영미, 정주, 가영, 민지 7명의 학생이 NCS 모의고사를 치뤘다. 이 학생들의 점수가 다음과 같을 때 5등을 한 사람은 누구인가?

> • 철기는 준영이보다 높은 점수를 받았다.
> • 준영이는 정주보다 높은 점수를 받았다.
> • 정주는 민지보다 높은 점수를 받았다.
> • 해영이는 준영이보다 높은 점수를 받았지만, 영미보다는 낮은 점수를 받았다.
> • 해영이는 철기보다 낮은 점수를 받았다.
> • 영미는 철기보다 높은 점수를 받았다.
> • 가영이는 가장 낮은 점수를 받았다.

① 준영   ② 해영

③ 정주   ④ 민지

> **TIP 》** 주어진 조건에 따라 나열해 보면 '영미〉철기〉해영〉준영〉정주〉민지〉가영'이 순이다. 따라서 5등을 한 사람은 정주이다.

7 다음은 어느 레스토랑의 3C분석 결과이다. 이 결과를 토대로 하여 향후 해결해야 할 전략과제를 선택하고자 할 때 적절하지 않은 것은?

3C	상황 분석
고객 / 시장(Customer)	• 식생활의 서구화 • 유명브랜드와 기술제휴 지향 • 신세대 및 뉴패밀리 층의 출현 • 포장기술의 발달
경쟁 회사(Competitor)	• 자유로운 분위기와 저렴한 가격 • 전문 패밀리 레스토랑으로 차별화 • 많은 점포수 • 외국인 고용으로 인한 외국인 손님 배려
자사(company)	• 높은 가격대 • 안정적 자금 공급 • 업계 최고의 시장점유율 • 고객증가에 따른 즉각적 응대의 한계

① 원가 절감을 통한 가격 조정
② 유명브랜드와의 장기적인 기술제휴
③ 즉각적인 응대를 위한 인력 증대
④ 안정적인 자금 확보를 위한 자본구조 개선

> **TIP 》** '안정적 자금 공급'이 자사의 강점이기 때문에 '안정적인 자금 확보를 위한 자본구조 개선'은 향후 해결해야 할 과제에 속하지 않는다.

ANSWER 〉 5.② 6.③ 7.④

8 다음 조건과 같을 때, 항상 옳은 것은?

> • 아시안컵 축구대회에서 한국은 일본보다 득점이 많지만 실점은 적다.
> • 일본은 이라크보다 득점과 실점이 많다.
> • 사우디아라비아는 이라크보다 득점도 적고 실점도 적다.
> • 중국은 한국보다 득점이 적지만 실점은 많다.

① 일본이 실점이 가장 많다.
② 한국은 사우디아라비아보다 득점이 많다.
③ 한국은 이라크보다 실점이 많다.
④ 중국이 실점이 가장 많다.

> **TIP 》** • 실점 순위 : 중국>한국, 일본>한국, 일본>이라크>사우디아라비아
> • 득점 순위 : 한국>중국, 한국>일본>이라크>사우디아라비아

9 취업준비생인 재석은 이번 공채기간에 몇 개 회사에 지원서를 넣어보려고 한다. 취업준비생들의 지원현황은 다음과 같다. 재석이 현대차에 지원한다는 결론을 이끌어 낼 수 있는 정보는?

> • 삼성과 SK를 둘 다 지원한 취업준비생은 모두 현대차도 지원했다.
> • LG와 두산을 둘 다 지원한 취업준비생은 모두 현대차도 지원했다.
> • 조사 대상인 취업준비생들은 누구든 기아차나 한화 가운데 적어도 하나는 지원했다.
> • 기아차를 지원한 취업준비생은 모두 삼성도 지원했다.
> • 한화를 지원한 취업준비생은 모두 LG도 지원했다.

① 재석은 LG와 SK를 지원했다.
② 재석은 기아차와 LG를 지원했다.
③ 재석은 SK와 두산을 지원했다.
④ 재석은 한화와 삼성을 지원했다.

> **TIP 》** 삼성 & SK→현대차
> LG & 두산→현대차
> ③ 취업준비생은 누구든 기아차나 한화 중 하나는 지원하므로 기아차→삼성, 한화→LG가 된다. 재석이가 SK와 두산을 지원했다면 기아차나 한화 중 하나를 지원하더라도 항상 현대차를 지원하게 된다.

10 다음 〈그림〉에서 F, G, H, I, J, K의 6개 도시들을 〈조건〉에 따라 색칠하려고 할 때 항상 옳은 것은?

〈조건〉

• F시, G시, I시, J시는 H시와 이웃하고 있다.

• I시는 J시와 이웃하고 있다.

• K시는 F시, G시와 이웃하고 있다.

• I시와 K시는 같은 색깔이다.

• 경계선을 따라 이웃하고 있는 도시들은 같은 색깔로 칠할 수 없다.

※ 변과 변이 접하는 것은 이웃하는 것이며, 점과 점 혹은 점과 변이 접하는 것은 이웃하는 것이 아니다. 예를 들어 다음 그림에서 3과 4는 이웃하나, 3과 6은 이웃하지 않는다.

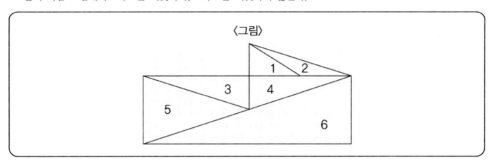

① F시와 J시는 같은 색깔이다.

② G시와 I시는 같은 색깔이다.

③ G시는 다른 어떤 도시와도 다른 색깔이다.

④ H시는 다른 어떤 도시와도 다른 색깔이다.

> **TIP 》** 네 도시와 이웃하고 있는 것은 4번뿐이므로 H시는 4이다. 4와 인접하지 않는 5는 K가 된다. K시와 이웃하고 있는 F시와 G시는 3 또는 6이 되고, I시와 J시는 1 또는 2가 된다. I시와 K시는 같은 색이므로, H시는 K시와 같은 색으로 칠해질 수 없다. 따라서 H시는 다른 어떤 도시와도 다른 색깔이다.

11

> • A군이 제일 처음 여행할 나라는 영국이다.
> • A군이 프랑스에 간다면 영국에는 가지 않는다.
> • A군은 프랑스에 가거나 독일에 간다.
> • A군이 스위스에 가지 않는다면 독일에도 가지 않는다.
> • A군은 독일에 가고 이탈리아에 간다.

> A : A군은 프랑스를 여행하게 된다.
> B : A군은 독일을 여행하게 된다.

① A만 옳다.　　　　　　　　② B만 옳다.
③ A와 B 모두 옳다.　　　　　④ A와 B 모두 그르다.

> **TIP 》** 두 번째 조건의 대우는 '영국에 간다면 프랑스에 가지 않는다'이다.
> 첫 번째 조건에서 영국에 간다고 했으므로, A군은 프랑스에는 가지 않는다.
> 세 번째 조건에서 프랑스에 가거나 독일에 간다고 했으므로, A군은 독일에 간다.
> 네 번째 조건의 대우는 '독일에 간다면, 스위스에 간다'이므로 A군은 스위스에 간다.
> A군은 독일에 가고, 이탈리아에도 간다.
> 따라서 A군은 영국, 독일, 스위스, 이탈리아에 가게 된다.

12

> • 재희, 승현, 미영, 소은, 시후가 5층 건물의 각 층에 살고 있다.
> • 재희와 승현이네 집 층수 차이는 승현이와 시후네 집 층수 차이와 같다.
> • 미영이는 소은이보다 2층 더 높은 집에 산다.

> A : 승현이는 2층에 산다.
> B : 소은이는 3층에 산다.

① A만 옳다.　　　　　　　　② B만 옳다.
③ A와 B 모두 옳다.　　　　　④ A와 B 모두 그르다.

TIP 》

5층	시후(또는 재희)
4층	미영
3층	승현
2층	소은
1층	재희(또는 시후)

| 13~14 | 다음에 제시된 전제에 따라 결론을 바르게 추론한 것을 고르시오.

13

- 글을 잘 쓰는 사람은 눈물이 많다.
- 말을 잘 하는 사람은 감정이 풍부하다.
- 눈물이 많은 사람은 감정이 풍부하다.
- 그러므로 _____

① 말을 잘 하는 사람은 눈물이 많다.

② 감정이 풍부하지 않은 사람은 글을 잘 쓰지 못한다.

③ 글을 잘 쓰는 사람은 말도 잘한다.

④ 눈물이 적은 사람은 감정이 풍부하지 않다.

TIP》 감정이 풍부하지 않음→눈물이 많지 않음→글을 잘 쓰지 못함

14

- 철수는 영희의 남편이다.
- 영희는 영수의 어머니이다.
- 영철이는 영수의 동생이다.
- 그러므로 _____

① 철수는 영철이의 아버지이다.

② 철수와 영수는 형제관계이다.

③ 영수는 외아들이다.

④ 영철이는 철수의 동생이다.

TIP》 영희는 영수의 어머니이고 철수는 영희의 남편으로 영수의 아버지이다. 영철이는 영수의 동생이므로 철수는 영철이의 아버지이다.

ANSWER 〉 11.② 12.④ 13.② 14.①

15 다음 글은 어린이집 입소기준에 대한 규정이다. 〈보기〉에 주어진 영유아들의 입소순위로 높은 것부터 나열한 것은?

〈규정〉

어린이집 입소기준
- 어린이집의 장은 당해시설에 결원이 생겼을 때마다 '명부 작성방법' 및 '입소 우선순위'를 기준으로 작성된 명부의 선 순위자를 우선 입소조치 한다.

명부작성방법
- 동일 입소신청자가 1·2순위 항목에 중복 해당되는 경우, 해당 항목별 점수를 합하여 점수가 높은 순으로 명부를 작성함
- 1순위 항목당 100점, 2순위 항목당 50점 산정
- 다만, 2순위 항목만 있는 경우 점수합계가 1순위 항목이 있는 자보다 같거나 높더라도 1순위 항목이 있는 자보다 우선순위가 될 수 없으며, 1순위 항목점수가 동일한 경우에 한하여 2순위 항목에 해당될 경우 추가합산 가능함
- 영유가 2자녀 이상 가구가 동일 순위일 경우 다자녀가구 자녀가 우선입소
- 대기자 명부 조정은 매분기 시작 월 1일을 기준으로 함

입소 우선순위
- 1순위
- 국민기초생활보장법에 따른 수급자
- 국민기초생활보장법 제24조의 규정에 의한 차상위계층의 자녀
- 장애인 중 보건복지부령이 정하는 장애 등급 이상에 해당하는 자의 자녀
- 아동복지시설에서 생활 중인 영유아
- 다문화가족의 영유아
- 자녀가 3명 이상인 가구 또는 영유아가 2자녀 가구의 영유아
- 산업단지 입주기업체 및 지원기관 근로자의 자녀로서 산업 단지에 설치된 어린이집을 이용하는 영유아
- 2순위
- 한부모 가족의 영유아
- 조손 가족의 영유아
- 입양된 영유아

〈보기〉

㉠ 혈족으로는 할머니가 유일하나, 현재는 아동복지시설에서 생활 중인 영유아

㉡ 아버지를 여의고 어머니가 근무하는 산업단지에 설치된 어린이집을 동생과 함께 이용하는 영유아

㉢ 동남아에서 건너온 어머니와 가장 높은 장애 등급을 가진 한국인 아버지가 국민기초생활보장법에 의한 차상위 계층에 해당되는 영유아

① ㉠-㉡-㉢   ② ㉡-㉠-㉢

③ ㉢-㉠-㉡   ④ ㉢-㉡-㉠

TIP 》 ㉢ 300점
         ㉡ 250점
         ㉠ 150점

16 어느 아파트에 쓰레기 무단투기가 계속 발생하자, 아파트 부녀회장은 무단투기 하는 사람이 누구인지 조사하기 시작했다. A, B, C, D, E 5명 가운데 범인이 있으며, 이 5명의 진술은 다음과 같다. 이 중 3명의 진술은 모두 참이고 나머지 2명의 진술은 모두 거짓이라고 할 때 다음 중 거짓을 말하고 있는 사람의 조합으로 옳은 것은?

A : 쓰레기를 무단투기하는 것을 본 사람은 나와 E 뿐이다. B의 말은 모두 참이다.
B : D가 쓰레기를 무단 투기하였다. 그것을 E가 보았다.
C : 쓰레기를 무단투기한 사람은 D가 아니다. E의 말은 참이다.
D : 쓰레기 무단투기하는 것을 세명이 보았다. B는 무단투기 하지 않았다.
E : 나와 A는 범인이 아니다. 나는 범인을 아무도 보지 못했다.

① A, B   ② B, C

③ C, E   ④ D, E

TIP 》 B와 C의 말은 모순이기 때문에 둘 중에 하나는 거짓이다. B가 참이라고 할 경우, A의 진술은 참이지만, C, D, E의 진술은 거짓이 되므로 조건에 부합하지 않는다. 따라서 B의 말은 거짓이며, A도 거짓이다. C, D, E의 진술이 참이며 이를 바탕으로 추리해 보면 쓰레기를 무단투기한 사람은 C이다.

ANSWER 》 15.④ 16.①

17 다음으로부터 바르게 추론한 것으로 옳은 것을 보기에서 고르면?

> • 5개의 갑, 을, 병, 정, 무 팀은 현재 '갑'팀은 0개, '을'팀은 1개, '병'팀은 2개, '정'팀은 2개, '무'팀은 3개의 프로젝트를 수행하고 있다.
> • 8개의 새로운 프로젝트 a, b, c, d, e, f, g, h를 5개의 팀에게 분배하려고 한다.
> • 5개의 팀은 새로운 프로젝트 1개 이상을 맡아야 한다.
> • 기존에 수행하던 프로젝트를 포함하여 한 팀이 맡을 수 있는 프로젝트 수는 최대 4개이다.
> • 기존의 프로젝트를 포함하여 4개의 프로젝트를 맡은 팀은 2팀이다.
> • 프로젝트 a,b는 한 팀이 맡아야 한다.
> • 프로젝트 c,d,e는 한 팀이 맡아야 한다.

> 〈보기〉
> ㉠ a를 '을'팀이 맡을 수 없다.
> ㉡ f를 '갑'팀이 맡을 수 있다.
> ㉢ 기존에 수행하던 프로젝트를 포함해서 2개의 프로젝트를 맡는 팀이 있다.

① ㉠   ② ㉡
③ ㉠, ㉢   ④ ㉡, ㉢

TIP 》 ㉠ a를 '을'팀이 맡는 경우 : 4개의 프로젝트를 맡은 팀이 2팀이라는 조건에 어긋난다. 따라서 a를 '을'팀이 맡을 수 없다.

갑	c,d,e	0→3개
을	a,b	1→3개
병		2→3개
정		2→3개
무		3→4개

㉡ f를 '갑'팀이 맡는 경우 : a,b를 '병'팀 혹은 '정'팀이 맡게 되는데 4개의 프로젝트를 맡은 팀이 2팀이라는 조건에 어긋난다. 따라서 f를 '갑'팀이 맡을 수 없다.

갑	f	0→1개
을	c,d,e	1→4개
병	a,b	2→4개
정		2→3개
무		3→4개

㉢ a,b를 '갑'팀이 맡는 경우 기존에 수행하던 프로젝트를 포함해서 2개의 프로젝트를 맡게 된다.

갑	a,b	0→2개
을	c,d,e	1→4개
병		2→3개
정		2→3개
무		3→4개

18 어류 관련 회사에서 근무하는 H씨는 생선을 좋아해서 매일 갈치, 조기, 고등어 중 한 가지 생선을 구워 먹는다. 다음 12월 달력과 〈조건〉을 참고하여 〈보기〉에서 옳은 것을 모두 고른 것은?

12월						
일	월	화	수	목	금	토
			1	2	3	4
5	6	7	8	9	10	11
12	13	14	15	16	17	18
19	20	21	22	23	24	25
26	27	28	29	30	31	

〈조건〉
• 같은 생선을 연속해서 이틀 이상 먹을 수 없다.
• 매주 화요일은 갈치를 먹을 수 없다.
• 12월 17일은 조기를 먹어야 한다.
• 하루에 1마리의 생선만 먹어야 한다.

〈보기〉
㉠ 12월 한 달 동안 먹을 수 있는 조기는 최대 15마리이다.
㉡ 12월 한 달 동안 먹을 수 있는 갈치는 최대 14마리이다.
㉢ 12월 6일에 조기를 먹어야 한다는 조건이 추가된다면 12월 한 달 동안 갈치, 조기, 고등어를 1마리 이상씩 먹는다.

① ㉠

② ㉡

③ ㉡, ㉢

④ ㉠, ㉢

TIP 》 ㉠ 12월 17일에 조기를 먹어야 한다고 했고, 이틀 연속으로 같은 생선을 먹을 수 없으므로 홀수일에 조기를 먹고 짝수일에 갈치나 고등어를 먹으면 되므로 최대로 먹을 수 있는 조기는 16마리이다.
　　㉡ 매주 화요일에 갈치를 먹을 수 없다고 했으므로 6일 월요일에 갈치를 먹는다고 가정하면 2일, 4일, 6일, 8일, 10일, 12일, 15일, 18일, 20일, 22일, 24일, 26일, 29일, 31일로 먹으면 되므로 14마리이다.
　　㉢ 6일에 조기를 먹어야 하므로 2일, 4일, 6일, 8일, 10일, 12일, 14일까지 먹으면 17일날 조기를 먹어야 하므로 15일과 16일은 다른 생선을 먹어야 한다. 15일, 16일에 갈치나 고등어를 먹으면 되므로 12월 한달 동안 갈치, 조기, 고등어를 1마리 이상씩 먹게 된다.

ANSWER 〉 17.③ 18.③

19 다음 글과 상황을 근거로 판단할 때, A국 각 지역에 설치될 것으로 예상되는 풍력발전기 모델명을 바르게 짝지은 것은?

풍력발전기는 회전축의 방향에 따라 수평축 풍력발전기와 수직축 풍력발전기로 구분된다. 수평축 풍력발전기는 구조가 간단하고 설치가 용이하며 에너지 변환효율이 우수하다. 하지만 바람의 방향에 영향을 많이 받기 때문에 바람의 방향이 일정한 지역에만 설치가 가능하다. 수직축 풍력발전기는 바람의 방향에 영향을 받지 않아 바람의 방향이 일정하지 않은 지역에도 설치가 가능하며, 이로 인해 사막이나 평원에도 설치가 가능하다. 하지만 부품이 비싸고 수평축 풍력발전기에 비해 에너지 변환효율이 떨어진다는 단점이 있다. B사는 현재 4가지 모델의 풍력발전기를 생산하고 있다. 각 풍력발전기는 정격 풍속이 최대 발전량에 도달하며, 가동이 시작되면 최소 발전량 이상의 전기를 생산한다. 각 발전기의 특성은 아래와 같다.

모델명	U-50	U-57	U-88	U-93
시간당 최대 발전량(kW)	100	100	750	2,000
시간당 최소 발전량(kW)	20	20	150	400
발전기 높이(m)	50	68	80	84.7
회전축 방향	수직	수평	수직	수평

〈상황〉

A국은 B사의 풍력발전기를 X, Y, Z지역에 각 1기씩 설치할 계획이다. X지역은 산악지대로 바람의 방향이 일정하며, 최소 150kW 이상의 시간당 발전량이 필요하다. Y지역은 평원지대로 바람의 방향이 일정하지 않으며, 철새보호를 위해 발전기 높이는 70m 이하가 되어야 한다. Z지역은 사막지대로 바람의 방향이 일정하지 않으며, 주민 편의를 위해 정격 풍속에서 600kW 이상의 시간당 발전량이 필요하다. 복수의 모델이 각 지역의 조건을 충족할 경우, 에너지 변환효율을 높이기 위해 수평축 모델을 설치하기로 한다.

	X지역	Y지역	Z지역		X지역	Y지역	Z지역
①	U-88	U-50	U-88	②	U-88	U-57	U-93
③	U-93	U-50	U-88	④	U-93	U-50	U-93

TIP 》 ㉠ X지역 : 바람의 방향이 일정하므로 수직·수평축 모두 사용할 수 있고, 최소 150kW 이상의 시간당 발전량이 필요하므로 U-88과 U-93 중 하나를 설치해야 한다. 에너지 변환효율을 높이기 위해 수평축 모델인 U-93을 설치한다.
㉡ Y지역 : 수직축 모델만 사용 가능하며, 높이가 70m 이하인 U-50만 설치 가능하다.
㉢ Z지역 : 수직축 모델만 사용 가능하며, 정격 풍속이 600kW 이상의 시간당 발전량을 갖는 U-88만 설치 가능하다.

20 다음 진술이 참이 되기 위해 꼭 필요한 전제를 〈보기〉에서 고르면?

> 노래를 잘 부르는 사람은 상상력이 풍부하다.

〈보기〉
㉠ 그림을 잘 그리는 사람은 IQ가 높고, 상상력이 풍부하다.
㉡ IQ가 높은 사람은 그림을 잘 그린다.
㉢ 키가 작은 사람은 IQ가 높다.
㉣ 키가 작은 사람은 상상력이 풍부하지 않다.
㉤ 노래를 잘 부르지 못하는 사람은 그림을 잘 그리지 못한다.
㉥ 그림을 잘 그리지 못하는 사람은 노래를 잘 부르지 못한다.

---

① ㉠, ㉡ 　　　　　　　　　　② ㉠, ㉥
③ ㉢, ㉣ 　　　　　　　　　　④ ㉣, ㉥

TIP 》 노래를 잘 부르는 사람은 그림을 잘 그린다(㉥의 대우).
그림을 잘 그리는 사람은 상상력이 풍부하다(㉠).
∴ 노래를 잘 부르는 사람은 상상력이 풍부하다.

21 다음은 공공기관을 구분하는 기준이다. 다음 규정에 따라 각 기관을 구분한 결과가 옳지 않은 것은?

〈공공기관의 구분〉

제00조 제1항

공공기관을 공기업·준정부기관과 기타공공기관으로 구분하여 지정한다. 직원 정원이 50인 이상인 공공기관은 공기업 또는 준정부기관으로, 그 외에는 기타공공기관으로 지정한다.

제00조 제2항

제1항의 규정에 따라 공기업과 준정부기관을 지정하는 경우 자체수입액이 총수입액의 2분의 1 이상인 기관은 공기업으로, 그 외에는 준정부기관으로 지정한다.

제00조 제3항

제1항 및 제2항의 규정에 따른 공기업을 다음의 구분에 따라 세분하여 지정한다.
- 시장형 공기업 : 자산규모가 2조 원 이상이고, 총 수입액 중 자체수입액이 100분의 85 이상인 공기업
- 준시장형 공기업 : 시장형 공기업이 아닌 공기업

〈공공기관의 현황〉

공공기관	직원 정원	자산규모	자체수입비율
A	70명	4조 원	90%
B	45명	2조 원	50%
C	65명	1조 원	55%
D	60명	1.5조 원	45%

※ 자체수입비율 : 총 수입액 대비 자체수입액 비율

① A – 시장형 공기업
② B – 기타공공기관
③ C – 준정부기관
④ D – 준정부기관

> **TIP** 》 ③ C는 정원이 50명이 넘으므로 기타공공기관이 아니며, 자체수입비율이 55%이므로 자체수입액이 총수입액의 2분의 1 이상이기 때문에 공기업이다. 시장형 공기업 조건에 해당하지 않으므로 C는 준시장형 공기업이다.

22 A는 잊어버린 네 자리 숫자의 비밀번호를 기억해 내려고 한다. 비밀번호에 대해서 가지고 있는 단서가 다음과 같을 때 사실이 아닌 것은?

○ 비밀번호를 구성하고 있는 어떤 숫자도 소수가 아니다.

○ 6과 8 중에 단 하나만 비밀번호에 들어가는 숫자다.

○ 비밀번호는 짝수로 시작한다.

○ 골라 낸 네 개의 숫자를 큰 수부터 차례로 나열해서 비밀번호를 만들었다.

○ 같은 숫자는 두 번 이상 들어가지 않는다.

---

① 비밀번호는 짝수이다.

② 비밀번호의 앞에서 두 번째 숫자는 4이다.

③ 위의 조건을 모두 만족시키는 번호는 모두 세 개가 있다.

④ 비밀번호는 1을 포함하지만 9는 포함하지 않는다.

  TIP 》 ○ 10개의 숫자 중 4개를 뽑아내는 순열이다.

  ○ 비밀번호를 구성하고 있는 숫자는 0, 1, 4, 6, 8, 9 (소수 2, 3, 5, 7 제거) 이다.

  ○ 비밀번호는 4, 6, 8 로 시작한다.

  ○ 9는 8보다 큰 숫자이므로 큰 수부터 차례로 나열한다는 ○과 짝수로 시작한다는 ○에 의해 사용이 배제된다(숫자 9 배제). → 비밀번호 구성이 가능한 숫자는 0, 1, 4, 6, 8 다섯 개이다.

  ○ 6과 8중 하나만 사용하므로 가능한 비밀번호는 8 - 4 - 1 - 0 또는 6 - 4 - 1 - 0이 된다.

23 직장인인 기원, 현욱, 은영, 정아는 아침을 못먹어서 출근길에 우유를 사먹었다. 자신이 먹은 우유에 대한 진술과 주어진 정보를 종합했을 때 A~D 중 은영이가 먹은 우유는 무엇인가?

〈진술〉
- 기원 : 나는 흰우유를 먹었어.
- 현욱 : 내가 먹은 우유는 정아가 먹은 우유보다 용량이 많았어.
- 은영 : 내가 먹은 우유는 가장 비싼 우유는 아니야.
- 정아 : 내가 먹은 우유는 다른 누군가가 먹은 우유와 종류가 같았어.

〈정보〉

	종류	용량(ml)	가격(원)
A	흰우유	190	1,100
B	흰우유	200	1,200
C	딸기우유	200	1,200
D	바나나우유	350	1,500

① A   ② B
③ C   ④ D

> **TIP 》** 기원이와 정아의 진술로 인해 기원이와 정아는 흰우유(A 또는 B)를 먹었다. 현욱이는 정아보다 용량이 많은 우유를 먹었으므로 현욱이가 먹은 우유는 D이고 나머지 C는 은영이가 먹은 우유가 된다.

24 용의자 A, B, C, D 4명이 있다. 이들 중 A, B, C는 조사를 받는 중이며 D는 아직 추적 중이다. 4명 중에서 한 명만이 진정한 범인이며, A, B, C의 진술 중 한명의 진술만이 참일 때 범인은 누구인가?

- A : B가 범인이다.
- B : 내가 범인이다.
- C : D가 범인이다.

① A   ② B
③ C   ④ D

> **TIP 》** 만약 B가 범인이라면 A와 B의 진술이 참이어야 한다. 하지만 문제에서 한명의 진술만이 참이라고 했으므로 A, B는 거짓을 말하고 있고 C의 진술이 참이다. 따라서 범인은 D이다.

25 다음의 내용을 토대로 발생할 수 있는 상황을 바르게 예측한 것은?

> 인기가수 A는 자신의 사생활을 폭로한 한 신문사 기자 B를 상대로 기사 정정 및 사과를 요구하였다. 그러나 B는 자신은 시민의 알 권리를 보장하기 위해 할 일을 한 것뿐이라며 기사를 정정할 수 없다고 주장하였다. A는 자신을 원고로, B를 피고로 하여 사생활 침해에 대한 위자료 1,000만 원을 구하는 소를 제기하였다. 민사 1심 법원은 기사 내용에 대한 진위 여부를 바탕으로 B의 주장이 옳다고 인정하여, A의 청구를 기각하는 판결을 선고하였다. 이에 대해 A는 항소를 제기하였다.
> • 소 또는 상소 제기 시 납부해야 할 송달료
> –민사 제1심 소액사건(소가 2,000만 원 이하의 사건) : 당사자 수 × 송달료 10회분
> –민사 제1심 소액사건 이외의 사건 : 당사자 수 × 송달료 15회분
> –민사 항소사건 : 당사자 수 × 송달료 12회분
> –민사 상고사건 : 당사자 수 × 송달료 8회분
> • 당사자 : 원고, 피고

① A가 제기한 소는 민사 제1심 소액사건 이외의 사건에 해당한다.

② 1회 송달료가 3,200원일 경우 A가 소를 제기하기 위해 내야 할 송달료는 48,000원이다.

③ A가 법원의 판결에 불복하고 항소를 제기하는데 드는 송달료는 원래의 소를 제기할 때 들어간 송달료보다 적다.

④ 1회 송달료가 2,500원일 경우 A가 납부한 송달료의 합계는 총 110,000원이다.

> **TIP 》** ④ 1회 송달료가 2,500원일 경우 A가 납부한 송달료의 합계는 처음의 소를 제기할 때 들어간 송달료 50,000원에 항소를 제기하기 위해 들어간 송달료 60,000원을 더한 110,000원이 된다.
> ① A가 제기한 소는 소가 2,000만 원 이하의 사건이므로 제1심 소액사건에 해당한다.
> ② 1회 송달료가 3,200원일 경우 A가 소를 제기하기 위해 내야 할 송달료는 당사자 수 × 송달료 10회분이므로, 2 × 32,000 = 64,000원이다.
> ③ A가 원래의 소를 제기할 때 들어가는 송달료는 당사자 수 × 송달료 10회분이고, 항소를 제기할 때 들어가는 송달료는 당사자 수 × 송달료 12회분이므로, 당사자 수가 같을 경우 항소를 제기할 때 들어가는 송달료가 원래의 송달료보다 많다.

ANSWER 〉 23.③ 24.④ 25.④

자원관리능력

1 자원과 자원관리

(1) 자원

① 자원의 종류 ··· 시간, 돈, 물적자원, 인적자원

② 자원의 낭비요인 ··· 비계획적 행동, 편리성 추구, 자원에 대한 인식 부재, 노하우 부족

(2) 자원관리 기본 과정

① 필요한 자원의 종류와 양 확인

② 이용 가능한 자원 수집하기

③ 자원 활용 계획 세우기

④ 계획대로 수행하기

예제 1

당신은 A출판사 교육훈련 담당자이다. 조직의 효율성을 높이기 위해 전사적인 시간관리에 대한 교육을 실시하기로 하였지만 바쁜 일정 상 직원들을 집합교육에 동원할 수 있는 시간은 제한적이다. 다음 중 귀하가 최우선의 교육 대상으로 삼아야 하는 것은 어느 부분인가?

구분	긴급한 일	긴급하지 않은 일
중요한 일	제1사분면	제2사분면
중요하지 않은 일	제3사분면	제4사분면

[출제의도]
주어진 일들을 중요도와 긴급도에 따른 시간관리 매트릭스에서 우선순위를 구분할 수 있는가를 측정하는 문항이다.
[해설]
교육훈련에서 최우선 교육대상으로 삼아야 하는 것은 긴급하지 않지만 중요한 일이다. 이를 긴급하지 않다고 해서 뒤로 미루다보면 급박하게 처리해야하는 업무가 증가하여 효율적인 시간관리가 어려워진다.

① 중요하고 긴급한 일로 위기사항이나 급박한 문제, 기간이 정해진 프로젝트 등이 해당되는 제1사분면
② 긴급하지는 않지만 중요한 일로 인간관계구축이나 새로운 기회의 발굴, 중장기 계획 등이 포함되는 제2사분면
③ 긴급하지만 중요하지 않은 일로 잠깐의 급한 질문, 일부 보고서, 눈 앞의 급박한 사항이 해당되는 제3사분면
④ 중요하지 않고 긴급하지 않은 일로 하찮은 일이나 시간낭비거리, 즐거운 활동 등이 포함되는 제4사분면

구분	긴급한 일	긴급하지 않은 일
중요한 일	위기사항, 급박한 문제, 기간이 정해진 프로젝트	인간관계구축, 새로운 기회의 발굴, 중장기계획
중요하지 않은 일	잠깐의 급한 질문, 일부 보고서, 눈앞의 급박한 사항	하찮은 일, 우편물, 전화, 시간낭비거리, 즐거운 활동

답 ②

2 자원관리능력을 구성하는 하위능력

(1) 시간관리능력

① 시간의 특성
  ㉠ 시간은 매일 주어지는 기적이다.
  ㉡ 시간은 똑같은 속도로 흐른다.
  ㉢ 시간의 흐름은 멈추게 할 수 없다.
  ㉣ 시간은 꾸거나 저축할 수 없다.
  ㉤ 시간은 사용하기에 따라 가치가 달라진다.

② 시간관리의 효과
  ㉠ 생산성 향상
  ㉡ 가격 인상
  ㉢ 위험 감소
  ㉣ 시장 점유율 증가

③ 시간계획

    ㉠ 개념 : 시간 자원을 최대한 활용하기 위하여 가장 많이 반복되는 일에 가장 많은 시간을 분배하고, 최단시간에 최선의 목표를 달성하는 것을 의미한다.

    ㉡ 60 : 40의 Rule

계획된 행동 (60%)	계획 외의 행동 (20%)	자발적 행동 (20%)
총 시간		

예제 2

유아용품 홍보팀의 사원 은이씨는 일산 킨텍스에서 열리는 유아용품박람회에 참여하고자 한다. 당일 회의 후 출발해야 하며 회의 종료 시간은 오후 3시이다.

장소	일시
일산 킨텍스 제2전시장	2016. 1. 20(금) PM 15:00~19:00 * 입장가능시간은 종료 2시간 전까지

오시는 길
지하철 : 4호선 대화역(도보 30분 거리)
버스 : 8109번, 8407번(도보 5분 거리)

• 회사에서 버스정류장 및 지하철역까지 소요시간

출발지	도착지	소요시간	
회사	×× 정류장	도보	15분
		택시	5분
	지하철역	도보	30분
		택시	10분

• 일산 킨텍스 가는 길

교통편	출발지	도착지	소요시간
지하철	강남역	대화역	1시간 25분
버스	×× 정류장	일산 킨텍스 정류장	1시간 45분

위의 제시 상황을 보고 은이씨가 선택할 교통편으로 가장 적절한 것은?

① 도보 – 지하철
② 도보 – 버스
③ 택시 – 지하철
④ 택시 – 버스

(2) 예산관리능력

① 예산과 예산관리
　　㉠ 예산 : 필요한 비용을 미리 헤아려 계산하는 것이나 그 비용
　　㉡ 예산관리 : 활동이나 사업에 소요되는 비용을 산정하고, 예산을 편성하는 것뿐만 아니라 예산을 통제하는 것 모두를 포함한다.

② 예산의 구성요소

비용	직접비용	재료비, 원료와 장비, 시설비, 여행(출장) 및 잡비, 인건비 등
	간접비용	보험료, 건물관리비, 광고비, 통신비, 사무비품비, 각종 공과금 등

③ 예산수립 과정 … 필요한 과업 및 활동 구명 → 우선순위 결정 → 예산 배정

예제 3

당신은 가을 체육대회에서 총무를 맡으라는 지시를 받았다. 다음과 같은 계획에 따라 예산을 진행하였으나 확보된 예산이 생각보다 적게 되어 불가피하게 비용항목을 줄여야 한다. 다음 중 귀하가 비용 항목을 없애기에 가장 적절한 것은 무엇인가?

〈○○산업공단 춘계 1차 워크숍〉

1. 해당부서 : 인사관리팀, 영업팀, 재무팀
2. 일　　정 : 2016년 4월 21일~23일(2박 3일)
3. 장　　소 : 강원도 속초 ○○연수원
4. 행사내용 : 바다열차탑승, 체육대회, 친교의 밤 행사, 기타

① 숙박비　　　　　　　　② 식비
③ 교통비　　　　　　　　④ 기념품비

[출제의도]
업무에 소요되는 예산 중 꼭 필요한 것과 예산을 감축해야할 때 삭제 또는 감축이 가능한 것을 구분해내는 능력을 묻는 문항이다.
[해설]
한정된 예산을 가지고 과업을 수행할 때에는 중요도를 기준으로 예산을 사용한다. 위와 같이 불가피하게 비용 항목을 줄여야 한다면 기본적인 항목인 숙박비, 식비, 교통비는 유지되어야 하기에 항목을 없애기 가장 적절한 정답은 ④번이 된다.

답 ④

(3) 물적관리능력

① 물적자원의 종류
   ㉠ 자연자원 : 자연상태 그대로의 자원 **예** 석탄, 석유 등
   ㉡ 인공자원 : 인위적으로 가공한 자원 **예** 시설, 장비 등

② 물적자원관리 … 물적자원을 효과적으로 관리할 경우 경쟁력이 향상되어 과제 및 사업의 성공으로 이어지며, 관리가 부족할 경우 경제적 손실로 인해 과제 및 사업의 실패 가능성이 커진다.

③ 물적자원 활용의 방해요인
   ㉠ 보관 장소의 파악 문제
   ㉡ 훼손
   ㉢ 분실

④ 물적자원관리 과정

과정	내용
사용 물품과 보관 물품의 구분	• 반복 작업 방지 • 물품활용의 편리성
동일 및 유사 물품으로의 분류	• 동일성의 원칙 • 유사성의 원칙
물품 특성에 맞는 보관 장소 선정	• 물품의 형상 • 물품의 소재

예제 4

S호텔의 외식사업부 소속인 K씨는 예약일정 관리를 담당하고 있다. 아래의 예약일정과 정보를 보고 K씨의 판단으로 옳지 않은 것은?

〈S호텔 일식 뷔페 1월 ROOM 예약 일정〉

* 예약 : ROOM 이름(시작시간)

SUN	MON	TUE	WED	THU	FRI	SAT
					1	2
					백합(16)	장미(11) 백합(15)
3	4	5	6	7	8	9
라일락(15)		백향목(10) 백합(15)	장미(10) 백향목(17)	백합(11) 라일락(18)	백향목(15)	장미(10) 라일락(15)

ROOM 구분	수용가능인원	최소투입인력	연회장 이용시간
백합	20	3	2시간
장미	30	5	3시간
라일락	25	4	2시간
백향목	40	8	3시간

- 오후 9시에 모든 업무를 종료함
- 한 타임 끝난 후 1시간씩 세팅 및 정리
- 동 시간 대 서빙 투입인력은 총 10명을 넘을 수 없음

안녕하세요, 1월 첫째 주 또는 둘째 주에 신년회 행사를 위해 ROOM을 예약하려고 하는데요, 저희 동호회의 총 인원은 27명이고 오후 8시쯤 마무리하려고 합니다. 신정과 주말, 월요일은 피하고 싶습니다. 예약이 가능할까요?

① 인원을 고려했을 때 장미ROOM과 백향목ROOM이 적합하겠군.
② 만약 2명이 안 온다면 예약 가능한 ROOM이 늘어나겠구나.
③ 조건을 고려했을 때 예약 가능한 ROOM은 5일 장미ROOM뿐이겠구나.
④ 오후 5시부터 8시까지 가능한 ROOM을 찾아야해.

[출제의도]
주어진 정보와 일정표를 토대로 이용 가능한 물적자원을 확보하여 이를 정확하게 안내할 수 있는 능력을 측정하는 문항이다. 고객이 제공한 정보를 정확하게 파악하고 그 조건 안에서 가능한 자원을 제공할 수 있어야 한다.
[해설]
③ 조건을 고려했을 때 5일 장미ROOM과 7일 장미ROOM이 예약 가능하다.
① 참석 인원이 27명이므로 30명 수용 가능한 장미ROOM과 40명 수용 가능한 백향목ROOM 두 곳이 적합하다.
② 만약 2명이 안 온다면 총 참석 인원 25명이므로 라일락ROOM, 장미ROOM, 백향목ROOM이 예약 가능하다.
④ 오후 8시에 마무리하려고 계획하고 있으므로 적절하다.

답 ③

(4) 인적자원관리능력

① 인맥 … 가족, 친구, 직장동료 등 자신과 직접적인 관계에 있는 사람들인 핵심인맥과 핵심 인맥들로부터 알게 된 파생인맥이 존재한다.

② 인적자원의 특성 … 능동성, 개발가능성, 전략적 자원

③ 인력배치의 원칙

    ㉠ 적재적소주의 : 팀의 효율성을 높이기 위해 팀원의 능력이나 성격 등과 가장 적합한 위치에 배치하여 팀원 개개인의 능력을 최대로 발휘해 줄 것을 기대하는 것

    ㉡ 능력주의 : 개인에게 능력을 발휘할 수 있는 기회와 장소를 부여하고 그 성과를 바르게 평가하며 평가된 능력과 실적에 대해 그에 상응하는 보상을 주는 원칙

    ㉢ 균형주의 : 모든 팀원에 대한 적재적소를 고려

④ 인력배치의 유형

    ㉠ 양적 배치 : 부문의 작업량과 조업도, 여유 또는 부족 인원을 감안하여 소요인원을 결정하여 배치하는 것

    ㉡ 질적 배치 : 적재적소의 배치

    ㉢ 적성 배치 : 팀원의 적성 및 흥미에 따라 배치하는 것

예제 5

최근 조직개편 및 연봉협상 과정에서 직원들의 불만이 높아지고 있다. 온갖 루머가 난무한 가운데 인사팀원인 당신에게 사내 게시판의 직원 불만사항에 대한 진위여부를 파악하고 대안을 세우라는 팀장의 지시를 받았다. 다음 중 당신이 조치를 취해야 하는 직원은 누구인가?

① 사원 A는 팀장으로부터 업무 성과가 탁월하다는 평가를 받았는데도 조직개편으로 인한 부서 통합으로 인해 승진을 못한 것이 불만이다.

② 사원 B는 회사가 예년에 비해 높은 영업 이익을 얻었는데도 불구하고 연봉 인상에 인색한 것이 불만이다.

③ 사원 C는 회사가 급여 정책을 변경해서 고정급 비율을 낮추고 기본급과 인센티브를 지급하는 제도로 바꾼 것이 불만이다.

④ 사원 D는 입사 동기인 동료가 자신보다 업무 실적이 좋지 않고 불성실한 근무태도를 가지고 있는데, 팀장과의 친분으로 인해 자신보다 높은 평가를 받은 것이 불만이다.

[출제의도]
주어진 직원들의 정보를 통해 시급하게 진위여부를 가리고 조치하여 인력배치를 해야 하는 사항을 확인하는 문제이다.
[해설]
사원 A, B, C는 각각 조직 정책에 대한 불만이기에 논의를 통해 조직적으로 대처하는 것이 옳지만, 사원 D는 팀장의 독단적인 전횡에 대한 불만이기 때문에 조사하여 시급히 조치할 필요가 있다. 따라서 가장 적절한 답은 ④번이 된다.

답 ④

출제예상문제

1 M업체의 직원 채용시험 최종 결과가 다음과 같다면, 다음 4명의 응시자 중 가장 많은 점수를 얻어 최종 합격자가 될 사람은 누구인가?

〈최종결과표〉

(단위 : 점)

	응시자 A	응시자 B	응시자 C	응시자 D
서류전형	89	86	94	93
1차 필기	94	92	90	91
2차 필기	88	87	90	89
면접	90	94	93	93

* 각 단계별 다음과 같은 가중치를 부여하여 해당 점수에 추가 반영한다.
  서류전형 점수 10%
  1차 필기 점수 15%
  2차 필기 점수 20%
  면접 점수 5%
* 4개 항목 중 어느 항목이라도 4명 중 최하위 득점이 있을 경우(최하위 점수가 90점 이상일 경우 제외), 최종 합격자가 될 수 없음.

① 응시자 A
② 응시자 B
③ 응시자 C
④ 응시자 D

TIP 》 응시자들의 점수를 구하기 전에 채용 조건에 따라 서류전형에서 최하위 득점을 한 응시자 B는 채용이 될 수 없다. 면접에서 최하위 득점을 한 응시자 A와 1차 필기에서 최하위 득점을 한 응시자 C는 90점 이상이므로 점수를 계산해 보아야 한다. 따라서 응시자 A, C, D의 점수는 다음과 같이 계산된다.
응시자 A : 89×1.1+94×1.15+88×1.2+90×1.05 = 406.1점
응시자 C : 94×1.1+90×1.15+90×1.2+93×1.05 = 412.55점
응시자 D : 93×1.1+91×1.15+89×1.2+93×1.05 = 411.4점
따라서 응시자 C가 최종 합격자이다.

ANSWER 〉 1.③

2 4명의 사원을 세계의 각 도시로 출장을 보내려고 한다. 하와이에 가는 사람은 누구인가?

> • 甲은 홍콩과 런던을 선호한다.
> • 乙은 하와이와 런던을 싫어한다.
> • 乙과 丁은 함께 가야한다.
> • 丙과 丁은 홍콩과 하와이를 선호한다.
> • 丙은 甲과 같은 도시에는 가지 않을 생각이다.

① 甲   ② 乙
③ 丙   ④ 丁

TIP 》 丙은 홍콩과 하와이를 선호하는데 甲과 같은 도시에는 가지 않을 생각이므로 홍콩은 갈 수 없고 丙 아니면 丁이 하와이에 가는데 乙이 丁과 함께 가야하므로 丁이 하와이에 갈 수 없다. 따라서 丙이 하와이에 간다.

3 인사부에서 근무하는 H씨는 다음 〈상황〉과 〈조건〉에 근거하여 부서 배정을 하려고 한다. 〈상황〉과 〈조건〉을 모두 만족하는 부서 배정은 어느 것인가?

> 〈상황〉
> 　총무부, 영업부, 홍보부에는 각각 3명, 2명, 4명의 인원을 배정하여야 한다. 이번에 선발한 인원으로는 5급이 A, B, C가 있으며, 6급이 D, E, F가 있고 7급이 G, H, I가 있다.
>
> 〈조건〉
> 조건1 : 총무부에는 5급이 2명 배정되어야 한다.
> 조건2 : B와 C는 서로 다른 부서에 배정되어야 한다.
> 조건3 : 홍보부에는 7급이 2명 배정되어야 한다.
> 조건4 : A와 I는 같은 부서에 배정되어야 한다.

	총무부	영업부	홍보부
①	A, C, I	D, E	B, F, G, H
②	A, B, E	D, G	C, F, H, I
③	A, B, I	C, D, G	E, F, H
④	B, C, H	D, E	A, F, G, I

TIP 》 ② A와 I가 같은 부서에 배정되어야 한다는 조건4를 만족하지 못한다.
③ 홍보부에 4명이 배정되어야 한다는 〈상황〉에 부합하지 못한다.
④ B와 C가 서로 다른 부서에 배정되어야 한다는 조건2를 만족하지 못한다.

4 다음 재고 현황을 통해 파악할 수 있는 완성품의 최대 수량과 완성품 1개당 소요 비용은 얼마인가? (단, 완성품은 A, B, C, D의 부품이 모두 조립되어야 하고 다른 조건은 고려하지 않는다)

부품명	완성품 1개당 소요량(개)	단가(원)	재고 수량(개)
A	2	50	100
B	3	100	300
C	20	10	2,000
D	1	400	150

	완성품의 최대 수량(개)	완성품 1개당 소요 비용(원)
①	50	100
②	50	500
③	50	1,000
④	100	500

> **TIP 》** 재고 수량에 따라 완성품을 A 부품으로는 $100 \div 2 = 50$개, B 부품으로는 $300 \div 3 = 100$개, C 부품으로는 $2,000 \div 20 = 100$개, D 부품으로는 $150 \div 1 = 150$개까지 만들 수 있다. 완성품은 A, B, C, D가 모두 조립되어야 하므로 50개만 만들 수 있다.
> 완성품 1개당 소요 비용은 완성품 1개당 소요량과 단가의 곱으로 구하면 되므로 A 부품 $2 \times 50 = 100$원, B 부품 $3 \times 100 = 300$원, C 부품 $20 \times 10 = 200$원, D 부품 $1 \times 400 = 400$원이다. 이를 모두 합하면 $100 + 300 + 200 + 400 = 1,000$원이 된다.

5 K회사에서 근무하는 甲팀장은 팀의 사기를 높이기 위하여 팀원들을 데리고 야유회를 가려고 한다. 주어진 상황이 다음과 같을 때 비용이 가장 저렴한 펜션은 어디인가?

〈상황〉

• 팀장을 포함하여 인원은 6명이다.
• 2박 3일을 갔다 오려고 한다.
• 팀장은 나무펜션 1회 이용 기록이 있다.
• 펜션 비용은 1박을 기준으로 부과된다.

〈펜션 비용〉

펜션	가격 (1박 기준)	비고
나무펜션	70,000원 (6인 기준)	• 1박을 한 후 연이어 2박을 할 때는 2박의 비용은 처음 1박의 10%를 할인 받는다. • 나무펜션 이용 기록이 있는 경우에는 총 합산 금액의 10%를 할인 받는다. (중복 할인 가능)
그늘펜션	60,000원 (4인 기준)	• 인원 추가시, 1인당 10,000원의 추가비용이 발생된다. • 나무, 그늘, 푸른, 구름펜션 이용기록이 1회라도 있는 경우에는 총 합산 금액의 20%를 할인 받는다.
푸른펜션	80,000원 (6인 기준)	• 1박을 한 후 연이어 2박을 할 때는 2박의 비용은 처음 1박의 15%를 할인 받는다.
구름펜션	55,000원 (4인 기준)	• 인원 추가시, 1인당 10,000원의 추가비용이 발생된다.

---

① 나무펜션　　　　　　　　　② 그늘펜션
③ 푸른펜션　　　　　　　　　④ 구름펜션

TIP 》 ㉠ 나무펜션 : $70,000 + (70,000 \times 0.9) = 133,000$원에서 팀장은 나무펜션 이용 기록이 있으므로 총 합산 금액의 10%를 또 할인 받는다. 따라서 $133,000 \times 0.9 = 119,700$원이다.
　　㉡ 그늘펜션 : 4인 기준이므로 2명을 추가하면 80,000원이 되고 2박이므로 160,000원이 된다. 그러나 팀장은 나무펜션 이용기록이 있으므로 총 합산 금액의 20%를 할인 받는다. 따라서 $160,000 \times 0.8 = 128,000$원이다.
　　㉢ 푸른펜션 : $80,000 + (80,000 \times 0.85) = 148,000$원이다.
　　㉣ 구름펜션 : 4인 기준이므로 2명을 추가하면 75,000원이 되고 2박이므로 $75,000 \times 2 = 150,000$원이 된다.

6 F회사에 입사한지 3개월이 된 사원 A씨는 A씨에게 주어진 일에 대해 우선순위 없이 닥치는 대로 행하고 있다. 그렇다 보니 중요하지 않은 일을 먼저 하기도 해서 상사로부터 꾸중을 들었다. 그런 A씨에게 L대리는 시간관리 매트릭스를 4단계로 구분해보라고 조언을 하였다. 다음은 〈시간관리 매트릭스〉와 A씨가 해야 할 일들이다. 연결이 잘못 짝지어진 것은?

〈시간관리 매트릭스〉

	긴급함	긴급하지 않음
중요함	제1사분면	제2사분면
중요하지 않음	제3사분면	제4사분면

〈A씨가 해야 할 일〉

㉠ 어제 못 본 드라마보기
㉡ 마감이 정해진 프로젝트
㉢ 인간관계 구축하기
㉣ 업무 보고서 작성하기
㉤ 회의하기
㉥ 자기개발하기
㉦ 상사에게 급한 질문하기

① 제1사분면 : ㉡, ㉦
② 제2사분면 : ㉢, ㉥
③ 제3사분면 : ㉣, ㉤
④ 제4사분면 : ㉠

TIP 》 ㉦은 제3사분면에 들어가야 할 일이다.

┃7~8┃ D회사에서는 1년에 1명을 선발하여 해외연수를 보내주는 제도가 있다. 김부장, 최과장, 오 과장, 홍대리 4명이 지원한 가운데 〈선발 기준〉과 〈지원자 현황〉은 다음과 같다. 다음을 보고 물음 에 답하시오.

〈선발 기준〉

구분	점수	비고
외국어 성적	50점	
근무 경력	20점	15년 이상이 만점 대비 100%, 10년 이상 15년 미만이 70%, 10년 미만이 50%이다. 단, 근무경력이 최소 5년 이상인 자만 선발 자격이 있다.
근무 성적	10점	
포상	20점	3회 이상이 만점 대비 100%, 1~2회가 50%, 0회가 0%이다.
계	100점	

〈지원자 현황〉

구분	김부장	최과장	오과장	홍대리
근무경력	30년	20년	10년	3년
포상	2회	4회	0회	5회

※ 외국어 성적은 김부장과 최과장이 만점 대비 50%이고, 오과장이 80%, 홍대리가 100%이다.
※ 근무 성적은 최과장이 만점이고, 김부장, 오과장, 홍대리는 만점 대비 90%이다.

7 위의 선발기준과 지원자 현황에 따를 때 가장 높은 점수를 받은 사람이 선발된다면 선발되 는 사람은?

① 김부장   ② 최과장
③ 오과장   ④ 홍대리

TIP 》

	김부장	최과장	오과장	홍대리
외국어 성적	25점	25점	40점	근무경력이 5년 미만이므로 선발 자격이 없다.
근무 경력	20점	20점	14점	
근무 성적	9점	10점	9점	
포상	10점	20점	0점	
계	64점	75점	63점	

8 회사 규정의 변경으로 인해 선발기준이 다음과 같이 변경되었다면, 새로운 선발기준 하에서 선발되는 사람은? (단, 가장 높은 점수를 받은 사람이 선발된다)

구분	점수	비고
외국어 성적	40점	
근무 경력	40점	30년 이상이 만점 대비 100%, 20년 이상 30년 미만이 70%, 20년 미만이 50%이다. 단, 근무경력이 최소 5년 이상인 자만 선발 자격이 있다.
근무 성적	10점	
포상	10점	3회 이상이 만점 대비 100%, 1~2회가 50%, 0회가 0%이다.
계	100점	

① 김부장 ② 최과장
③ 오과장 ④ 홍대리

TIP ≫

	김부장	최과장	오과장	홍대리
외국어 성적	20점	20점	32점	
근무 경력	40점	28점	20점	근무경력이 5년
근무 성적	9점	10점	9점	미만이므로 선발
포상	5점	10점	0점	자격이 없다.
계	74점	68점	61점	

9 다음 팀별 성과 지표와 조건에 따라서 팀별로 점수를 매기고자 할 때, 총점이 가장 높은 팀은?

〈팀별 성과 지표〉

팀	오류발생률	영업실적	고객만족	목표달성
A	1.6	8	10	6
B	1.4	7	4	8
C	0.7	9	8	5
D	0.8	10	9	10

〈조건〉

• 오류발생률은 낮은 순서대로, 그 밖의 항목들은 높은 순서대로 1순위부터 4순위까지 순위를 정한다.
• 각 항목의 1순위에 4점, 2순위에 3점, 3순위에 2점, 4순위에 1점을 각각 부여한다.
• 오류발생률이 1미만인 팀에게는 1점의 가산점을 부여한다.
• 다른 팀과 비교하여 가장 많은 항목에서 1위를 한 팀에게는 5점의 가산점을 부여한다.
• 오류발생률을 제외하고 그 밖의 항목에서 측정값이 5 미만의 값이 있는 팀은 3점을 감점한다.

① A ② B
③ C ④ D

TIP》

팀	오류발생률	영업실적	고객만족	목표달성	합계
A	4위(1점)	3위(2점)	1위(4점)	3위(2점)	9점
B	3위(2점)	4위(1점)	4위(1점)	2위(3점)	7−3=4점
C	1위(4점)	2위(3점)	3위(2점)	4위(1점)	10+1=11점
D	2위(3점)	1위(4점)	2위(3점)	1위(4점)	14+1+5=20점

10 다음은 (주)서원기업의 재고 관리 사례이다. 금요일까지 부품 재고 수량이 남지 않게 완성품을 만들 수 있도록 월요일에 주문할 A~C 부품 개수로 옳은 것은? (단, 주어진 조건 이외에는 고려하지 않는다)

〈부품 재고 수량과 완성품 1개당 소요량〉

부품명	부품 재고 수량	완성품 1개당 소요량
A	500	10
B	120	3
C	250	5

〈완성품 납품 수량〉

항목＼요일	월	화	수	목	금
완성품 납품 개수	없음	30	20	30	20

〈조건〉

1. 부품 주문은 월요일에 한 번 신청하며 화요일 작업 시작 전 입고된다.
2. 완성품은 부품 A, B, C를 모두 조립해야 한다.

	A	B	C
①	100	100	100
②	100	180	200
③	500	100	100
④	500	180	250

TIP》 완성품 납품 개수는 30+20+30+20으로 총 100개이다. 완성품 1개당 부품 A는 10개가 필요하므로 총 1,000개가 필요하고, B는 300개, C는 500개가 필요하다. 이때 각 부품의 재고 수량에서 부품 A는 500개를 가지고 있으므로 필요한 1,000개에서 가지고 있는 500개를 빼면 500개의 부품을 주문해야 한다. 부품 B는 120개를 가지고 있으므로 필요한 300개에서 가지고 있는 120개를 빼면 180개를 주문해야 하며, 부품 C는 250개를 가지고 있으므로 필요한 500개에서 가지고 있는 250개를 빼면 250개를 주문해야 한다.

▌11~12▐ S사 홍보팀에서는 사내 행사를 위해 다음과 같이 3개 공급업체로부터 경품1과 경품2에 대한 견적서를 받아보았다. 행사 참석자가 모두 400명이고 1인당 경품1과 경품2를 각각 1개씩 나누어 주어야 한다. 다음 자료를 보고 이어지는 질문에 답하시오.

공급처	물품	세트당 포함 수량(개)	세트 가격
A업체	경품1	100	85만 원
	경품2	60	27만 원
B업체	경품1	110	90만 원
	경품2	80	35만 원
C업체	경품1	90	80만 원
	경품2	130	60만 원

– A업체 : 경품2 170만 원 이상 구입 시, 두 물품 함께 구매하면 총 구매가의 5% 할인
– B업체 : 경품1 350만 원 이상 구입 시, 두 물품 함께 구매하면 총 구매가의 5% 할인
– C업체 : 경품1 350만 원 이상 구입 시, 두 물품 함께 구매하면 총 구매가의 20% 할인
* 모든 공급처는 세트 수량으로만 판매한다.

11 홍보팀에서 가장 저렴한 가격으로 인원수에 모자라지 않는 수량의 물품을 구매할 수 있는 공급처와 공급가격은 어느 것인가?

① A업체 / 5,000,500원

② A업체 / 5,025,500원

③ B업체 / 5,082,500원

④ B업체 / 5,095,000원

TIP » 각 공급처로부터 두 물품을 함께 구매할 경우(나)와 개별 구매할 경우(가)의 총 구매 가격을 표로 정리해 보면 다음과 같다. 구매 수량은 각각 400개 이상이어야 한다.

공급처	물품	세트당 포함 수량(개)	세트 가격	(가)	(나)
A업체	경품1	100	85만 원	340만 원	5,025,500원 (5% 할인)
	경품2	60	27만 원	189만 원	
B업체	경품1	110	90만 원	360만 원	5,082,500원 (5% 할인)
	경품2	80	35만 원	175만 원	
C업체	경품1	90	80만 원	400만 원	5,120,000원 (20% 할인)
	경품2	130	60만 원	240만 원	

12 다음 중 C업체가 S사의 공급처가 되기 위한 조건으로 적절한 것은 어느 것인가?

① 경품1의 세트당 포함 수량을 100개로 늘린다.

② 경품2의 세트당 가격을 2만 원 인하한다.

③ 경품1의 세트당 가격을 5만 원 인하한다.

④ 경품2의 세트당 포함 수량을 120개로 줄인다.

TIP » C업체가 경품1의 세트당 가격을 5만 원 인하하면 총 판매 가격이 4,920,000원이 되어 가장 낮은 가격에 물품을 제공하는 공급처가 된다.
① 경품1의 세트당 포함 수량이 100개가 되면 세트 수량이 5개에서 4개로 줄어들어 판매가격이 80만 원 낮아지나, 할인 적용이 되지 않아 최종 판매가는 오히려 비싸진다.
② 경품2의 세트당 가격을 2만 원 인하하면 총 판매가격이 5,056,000원이 되어 A업체보다 여전히 비싸다.

ANSWER 〉 11.② 12.③

13 다음 중 간접비는 모두 몇 개인가?

> • 재료비   • 인건비
> • 광고비   • 공과금
> • 보험료   • 건물관리비

① 1개   ② 2개

③ 3개   ④ 4개

TIP 》 ㉠ **직접비용**: 제품의 생산이나 서비스를 창출하기 위해 직접 소비
          예 재료비, 원료와 장비, 시설비, 인건비 등
       ㉡ **간접비용**: 제품을 생산하거나 서비스를 창출하기 위해 소비된 비용 중에서 직접비용을 제외한 비용으로 제품 생산에 직접 관련되지 않은 비용
          예 보험료, 건물관리비, 광고비, 통신비, 사무비품비, 각종 공과금 등

14 다음은 영업사원인 甲씨가 오늘 미팅해야 할 거래처 직원들과 방문해야 할 업체에 관한 정보이다. 다음의 정보를 모두 반영하여 하루의 일정을 짠다고 할 때 순서가 올바르게 배열된 것은? (단, 장소간 이동 시간은 없는 것으로 가정한다)

> **〈거래처 직원들의 요구 사항〉**
> • A거래처 과장: 회사 내부 일정으로 인해 미팅은 10시~12시 또는 16~18시까지 2시간 정도 가능합니다.
> • B거래처 대리: 12시부터 점심식사를 하거나, 18시부터 저녁식사를 하시죠. 시간은 2시간이면 될 것 같습니다.
> • C거래처 사원: 외근이 잡혀서 오전 9시부터 10시까지 1시간만 가능합니다.
> • D거래처 부장: 외부일정으로 18시부터 저녁식사만 가능합니다.
>
> **〈방문해야 할 업체와 가능시간〉**
> • E서점: 14~18시, 소요시간은 2시간
> • F은행: 12~16시, 소요시간은 1시간
> • G미술관 관람: 하루 3회(10시, 13시, 15시), 소요시간은 1시간

① C거래처 사원 - A거래처 과장 - B거래처 대리 - E서점 - G미술관 - F은행 - D거래처 부장

② C거래처 사원 - A거래처 과장 - F은행 - B거래처 대리 - G미술관 - E서점 - D거래처 부장

③ C거래처 사원 - G미술관 - F은행 - B거래처 대리 - E서점 - A거래처 과장 - D거래처 부장

④ C거래처 사원 - A거래처 과장 - B거래처 대리 - F은행 - G미술관 - E서점 - D거래처 부장

TIP 》 C거래처 사원(9시~10시) - A거래처 과장(10시~12시) - B거래처 대리(12시~14시) - F은행(14시~15시) - G미술관(15시~16시) - E서점(16시~18시) - D거래처 부장(18시~)

① E서점까지 들리면 16시가 되는데, 그 이후에 G미술관을 관람할 수 없다.

② F은행까지 들리면 13시가 되는데, B거래처 대리 약속은 18시에 가능하다.

③ G미술관 관람을 마치고 나면 11시가 되는데 F은행은 12시에 가야한다. 1시간 기다려서 F은행 일이 끝나면 13시가 되는데, B거래처 대리 약속은 18시에 가능하다.

15 다음은 어느 회사의 신입사원 선발 조건과 지원자의 현황이다. 다음 조건에 따를 때 반드시 선발되는 사람은?

〈지원자 현황〉

• 甲, 乙, 丙, 丁 총 4명이 지원하였다.
• 甲과 乙은 추천을 받은 지원자이다.
• 乙과 丙은 같은 학교 출신이다.
• 甲과 丙은 남성이다.
• 乙과 丁은 여성이다.

〈선발 조건〉

• 지원자 중 1명 이상은 반드시 선발하여야 한다.
• 추천을 받은 지원자 중에는 1명을 초과하여 선발할 수 없다.
• 같은 학교 출신 지원자는 1명을 초과하여 선발할 수 없다.
• 남성 지원자만을 선발하거나 여성 지원자만을 선발할 수 없다.

---

① 甲

② 乙

③ 丙

④ 丁

TIP 》 남성 지원자만을 선발하거나 여성 지원자만을 선발할 수 없으므로 甲, 乙, 丙, 丁 각각 1명만을 선발할 수는 없고 남성과 여성을 섞어 2명 이상을 선발하여야 한다. 그러나, 추천을 받은 지원자 중에서 1명을 초과하여 선발할 수 없으며 같은 학교 출신 지원자는 1명을 초과하여 선발할 수 없으므로 선발 가능한 경우는 (甲, 丁), (甲, 丙, 丁), (丙, 丁)이다. 따라서 반드시 선발되는 사람은 丁이다.

ANSWER 》 13.④ 14.④ 15.④

16 이번에 탄생한 TF팀에서 팀장과 부팀장을 선정하려고 한다. 선정기준은 이전에 있던 팀에서의 근무성적과 성과점수, 봉사점수 등을 기준으로 한다. 구체적인 선정기준이 다음과 같을 때 선정되는 팀장과 부팀장을 바르게 연결한 것은?

〈선정기준〉

- 최종점수가 가장 높은 직원이 팀장이 되고, 팀장과 다른 성별의 직원 중에서 가장 높은 점수를 받는 직원이 부팀장이 된다(예를 들어 팀장이 남자가 되면, 여자 중 최고점을 받은 직원이 부팀장이 된다).
- 근무성적 40%, 성과점수 40%, 봉사점수 20%로 기본점수를 산출하고, 기본점수에 투표점수를 더하여 최종점수를 산정한다.
- 투표점수는 한 명당 5점이 부여된다(예를 들어 2명에게서 한 표씩 받으면 10점이다).

〈직원별 근무성적과 점수〉

직원	성별	근무성적	성과점수	봉사점수	투표한 사람수
고경원	남자	88	92	80	2
박하나	여자	74	86	90	1
도경수	남자	96	94	100	0
하지민	여자	100	100	75	0
유해영	여자	80	90	80	2
문정진	남자	75	75	95	1

---

① 고경원 – 하지민
② 고경원 – 유해영
③ 하지민 – 도경수
④ 하지민 – 문정진

TIP 》 점수를 계산하면 다음과 같다.

직원	성별	근무점수	성과점수	봉사점수	투표점수	합계
고경원	남자	35.2	36.8	16	10	98
박하나	여자	29.6	34.4	18	5	87
도경수	남자	38.4	37.6	20	0	96
하지민	여자	40	40	15	0	95
유해영	여자	32	36	16	10	94
문정진	남자	30	30	19	5	84

17 ○○기업은 A, B, C, D, E, F, G, H의 8개 프로젝트를 담당하고 있다. 올해 예산이 증액되어 5개의 프로젝트의 예산을 늘리려고 할 때 조건은 다음과 같다. C와 F 프로젝트의 예산을 늘린다면 반드시 옳은 것은?

> 〈조건〉
> • 만약 E 프로젝트의 예산을 늘리면, B 프로젝트의 예산은 늘리지 않는다.
> • 만약 D 프로젝트의 예산을 늘리면, F 프로젝트와 G 프로젝트는 모두 예산을 늘리지 않는다.
> • 만약 A 프로젝트와 G 프로젝트가 모두 예산을 늘리면, C 프로젝트의 예산도 늘려야 한다.
> • B, C, F 프로젝트 가운데 2개만 예산을 늘린다.

① A 프로젝트와 D 프로젝트의 예산은 늘린다.
② B 프로젝트와 D 프로젝트의 예산은 늘리지 않는다.
③ A 프로젝트와 B 프로젝트의 예산은 늘린다.
④ B 프로젝트와 E 프로젝트의 예산은 늘리지 않는다.

    TIP 》 마지막 조건에서 B, C, F 프로젝트 중에 2개만 예산을 늘린다고 하였고 문제에서 C와 F 프로젝트의 예산을 늘린다고 하였으므로 B 프로젝트는 예산을 늘리지 않는다. 그리고 2번째 조건의 대우를 통해 F 프로젝트의 예산을 늘리면 D 프로젝트의 예산을 늘리지 않는다. 따라서 ②는 반드시 옳다.

18 J회사 관리부에서 근무하는 L씨는 소모품 구매를 담당하고 있다. 2017년 5월 중에 다음 조건 하에서 A4용지와 토너를 살 때, 총 비용이 가장 적게 드는 경우는? (단, 2017년 5월 1일에는 A4용지와 토너는 남아 있다고 가정하며, 다 썼다는 말이 없으면 그 소모품들은 남아있다고 가정한다)

> • A4용지 100장 한 묶음의 정가는 1만 원, 토너는 2만 원이다. (A4용지는 100장 단위로 구매함)
> • J회사와 거래하는 ◇◇오피스는 매달 15일에 전 품목 20% 할인 행사를 한다.
> • ◇◇오피스에서는 5월 5일에 A사 카드를 사용하면 정가의 10%를 할인해 준다.
> • 총 비용이란 소모품 구매가격과 체감비용(소모품을 다 써서 느끼는 불편)을 합한 것이다.
> • 체감비용은 A4용지와 토너 모두 하루에 500원이다.
> • 체감비용을 계산할 때, 소모품을 다 쓴 당일은 포함하고 구매한 날은 포함하지 않는다.
> • 소모품을 다 쓴 당일에 구매하면 체감비용은 없으며, 소모품이 남은 상태에서 새 제품을 구입할 때도 체감비용은 없다.

① 3일에 A4용지만 다 써서, 5일에 A사 카드로 A4용지와 토너를 살 경우
② 13일에 토너만 다 써서 당일 토너를 사고, 15일에 A4용지를 살 경우
③ 10일에 A4용지와 토너를 다 써서 15일에 A4용지와 토너를 같이 살 경우
④ 3일에 A4용지만 다 써서 당일 A4용지를 사고, 13일에 토너를 다 써서 15일에 토너만 살 경우

TIP 》 ① 1,000원(체감비용)+27,000원=28,000원
       ② 20,000원(토너)+8,000원(A4용지)=28,000원
       ③ 5,000원(체감비용)+24,000원=29,000원
       ④ 10,000원(A4용지)+1,000원(체감비용)+16,000원(토너)=27,000원

19 다음 〈표〉는 K국 '갑'~'정' 공무원의 국외 출장 현황과 출장 국가별 여비 지급 기준액을 나타낸 자료이다. 〈표〉와 〈조건〉을 근거로 출장 여비를 지급받을 때, 출장 여비를 가장 많이 지급받는 출장자는 누구인가?

〈표1〉 K국 '갑'~'정' 공무원 국외 출장 현황

출장자	출장국가	출장기간	숙박비 지급 유형	1박 실지출 비용($/박)	출장 시 개인 마일리지 사용 여부
갑	A	3박 4일	실비지급	145	미사용
을	A	3박 4일	정액지급	130	사용
병	B	3박 5일	실비지급	110	사용
정	C	4박 6일	정액지급	75	미사용

※ 각 출장자의 출장 기간 중 매 박 실지출 비용은 변동 없음

〈표2〉 출장 국가별 1인당 여비 지급 기준액

구분 출장국가	1일 숙박비 상한액($/박)	1일 식비($/일)
A	170	72
B	140	60
C	100	45

〈조건〉
㉠ 출장 여비($) = 숙박비 + 식비
㉡ 숙박비는 숙박 실지출 비용을 지급하는 실비지급 유형과 출장국가 숙박비 상한액의 80%를 지급하는 정액지급 유형으로 구분
• 실비지급 숙박비($) = (1박 실지출 비용) × ('박' 수)
• 정액지급 숙박비($) = (출장국가 1일 숙박비 상한액) × ('박' 수) × 0.8
㉢ 식비는 출장 시 개인 마일리지 사용여부에 따라 출장 중 식비의 20% 추가지급
• 개인 마일리지 미사용시 지급 식비($) = (출장국가 1일 식비) × ('일' 수)
• 개인 마일리지 사용시 지급 식비($) = (출장국가 1일 식비) × ('일' 수) × 1.2

① 갑
② 을
③ 병
④ 정

TIP 》 ① $145 \times 3 + 72 \times 4 = 723$
② $170 \times 3 \times 0.8 + 72 \times 4 \times 1.2 = 753.6$
③ $110 \times 3 + 60 \times 5 \times 1.2 = 690$
④ $100 \times 4 \times 0.8 + 45 \times 6 = 590$

20 O회사에 근무하고 있는 채과장은 거래 업체를 선정하고자 한다. 업체별 현황과 평가기준이 다음과 같을 때, 선정되는 업체는?

〈업체별 현황〉

업체명	시장매력도	정보화수준	접근가능성
	시장규모(억 원)	정보화순위	수출액(백만 원)
A업체	550	106	9,103
B업체	333	62	2,459
C업체	315	91	2,597
D업체	1,706	95	2,777

〈평가기준〉

• 업체별 종합점수는 시장매력도(30점 만점), 정보화수준(30점 만점), 접근가능성(40점 만점)의 합계(100점 만점)로 구하며, 종합점수가 가장 높은 업체가 선정된다.
• 시장매력도 점수는 시장매력도가 가장 높은 업체에 30점, 가장 낮은 업체에 0점, 그 밖의 모든 업체에 15점을 부여한다. 시장규모가 클수록 시장매력도가 높다.
• 정보화수준 점수는 정보화순위가 가장 높은 업체에 30점, 가장 낮은 업체에 0점, 그 밖의 모든 업체에 15점을 부여한다.
• 접근가능성 점수는 접근가능성이 가장 높은 업체에 40점, 가장 낮은 업체에 0점, 그 밖의 모든 업체에 20점을 부여한다. 수출액이 클수록 접근가능성이 높다.

① A   ② B

③ C   ④ D

TIP 》

	시장매력도	정보화수준	접근가능성	합계
A	15	0	40	55
B	15	30	0	45
C	0	15	20	35
D	30	15	20	65

21 다음은 여행사를 통해 구입한 전자항공권 내용의 일부이다. 항공권의 내용에 대한 설명 중 가장 옳지 않는 것은?

Passenger Name	Jang/Hyo-Mi	Booking Reference		810-1850	
Ticket Number		1803841764936-937			
서울(ICN)-파리(CDG)		D901 (예약번호:EN2BD4)	14:00/18:00	17FEB16	
파리(CDG)-Kishasa(FIH)		A898 (예약번호:3DGM20)	10:50/18:40	18FEB16	
Kishasa(FIH)- 아디스아바바(ADD)		E831 (예약번호:3DGM20)	13:45/20:05	21FEB16	
아디스아바바(ADD)- 두바이(DXB)		E724 (예약번호:ES66X3)	19:35/00:35	24FEB16	
두바이(DXB)-서울(ICN)		D5952 (예약번호:EN2BD4)	03:00/16:00	25FEB16	

① 전체 여정의 예약번호는 810-1850이다.

② 각 항공 일정의 개별 변경이 필요한 경우에는 개별 예약번호를 통해 변경해야 한다.

③ 두바이에서 출발하여 서울에 도착하는 날짜는 2월 26일이 될 것이다.

④ 서울에서 파리에 가는 항공편과 두바이에서 서울로 돌아오는 항공편은 같은 항공회사 이다.

TIP 》 ③ 두바이에서 출발하여 서울에 도착하는 날짜는 2월 25일이 될 것이다.

22 다음 사례에 대한 분석으로 옳은 것은?

> 프리랜서로 일하고 있는 갑순이는 컴퓨터로 작업을 하고 있다. 수입은 시간당 7천 원이고 작업하는 시간에 따라 '피로도'라는 비용이 든다. 갑순이가 하루에 작업하는 시간과 그에 따른 수입(편익) 및 피로도(비용)의 정도를 각각 금액으로 환산하면 다음과 같다.
>
> (단위 : 원)
>
> | 시간 | 3 | 4 | 5 | 6 | 7 |
> |------|------|------|------|------|------|
> | 총 편익 | 21,000 | 28,000 | 35,000 | 42,000 | 49,000 |
> | 총 비용 | 13,000 | 18,000 | 24,000 | 28,000 | 37,000 |
>
> * 순편익=총 편익-총 비용

① 갑순이는 하루에 7시간 일하는 것이 가장 합리적이다.

② 갑순이가 1시간 더 일할 때마다 추가로 발생하는 비용은 일정하다.

③ 갑순이는 프리랜서로 하루에 최대로 얻을 수 있는 순편익이 14,000원이다.

④ 갑순이가 1시간 더 일할 때마다 추가로 발생하는 편익은 증가한다.

> **TIP** 》 ① 순편익은 6시간 일할 때 최대(14,000원)가 되므로 갑순이는 하루에 6시간 일하는 것이 가장 합리적이다.
> ② 1시간 더 일할 때마다 추가로 발생하는 비용은 일정하지 않다.
> ④ 1시간 더 일할 때마다 추가로 발생하는 편익은 일정하다.

23 A씨와 B씨는 내일 있을 시장동향 설명회에 발표할 준비를 함께 하게 되었다. 우선 오전 동안 자료를 수집하고 오후 1시에 함께 회의하여 PPT작업과 도표로 작성해야 할 자료 등을 정리하고 각자 다음과 같은 업무를 나눠서 하려고 한다. 회의를 제외한 모든 업무는 혼자서 할 수 있는 일이고, 발표원고 작성은 PPT가 모두 작성되어야 시작할 수 있다. 각 영역당 소요시간이 다음과 같을 때 옳지 않은 것은? (단, 두 사람은 가장 빨리 작업을 끝낼 수 있는 방법을 선택한다)

업무	소요시간
회의	1시간
PPT 작성	2시간
PPT 검토	2시간
발표원고 작성	3시간
도표 작성	3시간

① 7시까지 발표 준비를 마칠 수 있다.

② 두 사람은 같은 시간에 준비를 마칠 수 있다.

③ A가 도표작성 능력이 떨어지고 두 사람의 PPT 활용 능력이 비슷하다면 발표원고는 A가 작성하게 된다.

④ 도표를 작성한 사람이 발표원고를 작성한다.

> **TIP 》** ④ PPT작성이 도표작성보다 더 먼저 끝나므로 PPT를 작성한 사람이 발표원고를 작성하는 것이 일을 더 빨리 끝낼 수 있다.

ANSWER 〉 22.③ 23.④

24 신입사원인 A, B, C, D, E는 교육을 받으러 가야 하는데 제시된 조건은 다음과 같다. 이를 고려하였을 때, 5명이 교육을 받으러 가는 순서로 가능한 경우는?

> • 교육은 한 달에 한 명씩만 갈 수 있다.
> • A와 B의 교육 순서 사이에는 2명이 있다.
> • A가 마지막으로 교육을 받는 것은 아니다.
> • D는 첫 번째 또는 두 번째로 교육을 받는다.
> • C와 E의 교육 순서는 서로 인접하지 않는다.

① ACDBE

② BDCEA

③ BDEAC

④ DAEBC

TIP 》 ① D는 첫 번째 또는 두 번째로 교육을 받는다고 했으므로 불가능하다.
②④ A와 B의 교육 순서 사이에는 2명이 있으므로 불가능하다.

25 다음에서 설명하는 예산제도는 무엇인가?

> 이것은 정부 예산이 여성과 남성에게 미치는 영향을 평가하고 이를 반영함으로써 예산에 뒷받침되는 정책과 프로그램이 성별 형평성을 담보하고, 편견과 고정관념을 배제하며, 남녀 차이를 고려하여 의도하지 않은 예산의 불평등한 배분효과를 파악하고, 이에 대한 개선안을 제시함으로써 궁극적으로 예산의 배분규칙을 재정립할 수 있도록 하는 제도이다. 또한 정책의 공정성을 높일 수 있으며, 남녀의 차이를 고려하므로 정책이 더 효율적이고 양성 평등한 결과를 기대할 수 있다. 그리하여 남성과 여성이 동등한 수준의 삶의 질을 향유할 수 있다는 장점이 있다.

① 품목별예산제도
② 성인지예산제도
③ 영기준예산제도
④ 성과주의예산제도

> **TIP** 》 ① **품목별 예산제도** : 지출대상을 품목별로 분류해 그 지출대상과 한계를 명확히 규정하는 통제지향적 예산제도
> ③ **영기준예산제도** : 모든 예산항목에 대해 전년도 예산을 기준으로 잠정적인 예산을 책정하지 않고 모든 사업계획과 활동에 대해 법정경비 부분을 제외하고 영 기준(zero-base)을 적용하여 과거의 실적이나 효과, 정책의 우선순위를 엄격히 심사해 편성한 예산제도
> ④ **성과주의예산제도** : 예산을 기능별, 사업계획별, 활동별로 분류하여 예산의 지출과 성과의 관계를 명백히 하기 위한 예산제도

ANSWER 》 24.③ 25.②

CHAPTER

05 대인관계능력

---

1 직장생활에서의 대인관계

(1) 대인관계능력

① 의미 … 직장생활에서 협조적인 관계를 유지하고, 조직구성원들에게 도움을 줄 수 있으며, 조직내부 및 외부의 갈등을 원만히 해결하고 고객의 요구를 충족시켜줄 수 있는 능력이다.

② 인간관계를 형성할 때 가장 중요한 것은 자신의 내면이다.

■ 예제 1

인간관계를 형성하는데 있어 가장 중요한 것은?

① 외적 성격 위주의 사고
② 이해득실 위주의 만남
③ 자신의 내면
④ 피상적인 인간관계 기법

[출제의도]
인간관계형성에 있어서 가장 중요한 요소가 무엇인지 묻는 문제다.
[해설]
③ 인간관계를 형성하는데 있어서 가장 중요한 것은 자신의 내면이고 이때 필요한 기술이나 기법 등은 자신의 내면에서 자연스럽게 우러나와야 한다.

답 ③

---

(2) 대인관계 향상 방법

① 감정은행계좌 … 인간관계에서 구축하는 신뢰의 정도

② 감정은행계좌를 적립하기 위한 6가지 주요 예입 수단
  ㉠ 상대방에 대한 이해심
  ㉡ 사소한 일에 대한 관심
  ㉢ 약속의 이행
  ㉣ 기대의 명확화
  ㉤ 언행일치
  ㉥ 진지한 사과

2 대인관계능력을 구성하는 하위능력

(1) 팀워크능력

① 팀워크의 의미

    ㉠ 팀워크와 응집력

- 팀워크 : 팀 구성원이 공동의 목적을 달성하기 위해 상호 관계성을 가지고 협력하여 일을 해 나가는 것
- 응집력 : 사람들로 하여금 집단에 머물도록 만들고 그 집단의 멤버로서 계속 남아있기를 원하게 만드는 힘

예제 2

A회사에서는 격주로 사원 소식지 '우리가족'을 발행하고 있다. 이번 호의 특집 테마는 팀워크에 대한 것으로, 좋은 사례를 모으고 있다. 다음 중 팀워크의 사례로 가장 적절하지 않은 것은 무엇인가?

① 팀원들의 개성과 장점을 살려 사내 직원 연극대회에서 대상을 받을 수 있었던 사례

② 팀장의 갑작스러운 부재 상황에서 팀원들이 서로 역할을 분담하고 소통을 긴밀하게 하면서 팀의 당초 목표를 원만하게 달성할 수 있었던 사례

③ 자재 조달의 차질로 인해 납기 준수가 어려웠던 상황을 팀원들이 똘똘 뭉쳐 헌신적으로 일한 결과 주문 받은 물품을 성공적으로 납품할 수 있었던 사례

④ 팀의 분위기가 편안하고 인간적이어서 주기적인 직무순환 시기가 도래해도 다른 부서로 가고 싶어 하지 않는 사례

[출제의도]
팀워크와 응집력에 대한 문제로 각 용어에 대한 정의를 알고 이를 실제 사례를 통해 구분할 수 있어야 한다.
[해설]
④ 응집력에 대한 사례에 해당한다.

답 ④

    ㉡ 팀워크의 유형

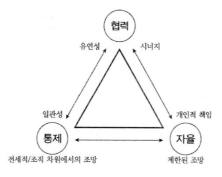

② 효과적인 팀의 특성

    ㉠ 팀의 사명과 목표를 명확하게 기술한다.

    ㉡ 창조적으로 운영된다.

ⓒ 결과에 초점을 맞춘다.

ⓔ 역할과 책임을 명료화시킨다.

ⓜ 조직화가 잘 되어 있다.

ⓗ 개인의 강점을 활용한다.

ⓢ 리더십 역량을 공유하며 구성원 상호간에 지원을 아끼지 않는다.

ⓞ 팀 풍토를 발전시킨다.

ⓩ 의견의 불일치를 건설적으로 해결한다.

ⓒ 개방적으로 의사소통한다.

ⓚ 객관적인 결정을 내린다.

ⓣ 팀 자체의 효과성을 평가한다.

③ 멤버십의 의미

ⓐ 멤버십은 조직의 구성원으로서의 자격과 지위를 갖는 것으로 훌륭한 멤버십은 팔로워십 (followership)의 역할을 충실하게 수행하는 것이다.

ⓑ 멤버십 유형 : 독립적 사고와 적극적 실천에 따른 구분

구분	소외형	순응형	실무형	수동형	주도형
자아상	• 자립적인 사람 • 일부러 반대의 견 제시 • 조직의 양심	• 기쁜 마음으로 과업 수행 • 팀플레이를 함 • 리더나 조직을 믿고 헌신함	• 조직의 운영방침에 민감 • 사건을 균형 잡힌 시각으로 봄 • 규정과 규칙에 따라 행동함	• 판단, 사고를 리더에 의존 • 지시가 있어야 행동	• 스스로 생각하고 건설적 비판을 하며 자기 나름의 개성이 있고 혁신적·창조적 • 솔선수범하고 주인의식을 가지며 적극적으로 참여하고 자발적, 기대 이상의 성과를 내려고 노력
동료/ 리더의 시각	• 냉소적 • 부정적 • 고집이 셈	• 아이디어가 없음 • 인기 없는 일은 하지 않음 • 조직을 위해 자신과 가족의 요구를 양보함	• 개인의 이익을 극대화하기 위한 흥정에 능함 • 적당한 열의와 평범한 수완으로 업무 수행	• 하는 일이 없음 • 제 몫을 하지 못 함 • 업무 수행에는 감독이 반드시 필요	
조직에 대한 자신의 느낌	• 자신을 인정 안 해줌 • 적절한 보상이 없음 • 불공정하고 문제가 있음	• 기존 질서를 따르는 것이 중요 • 리더의 의견을 거스르는 것은 어려운 일임 • 획일적인 태도 행동에 익숙함	• 규정준수를 강조 • 명령과 계획의 빈번한 변경 • 리더와 부하간의 비인간적 풍토	• 조직이 나의 아이디어를 원치 않음 • 노력과 공헌을 해도 아무 소용이 없음 • 리더는 항상 자기 마음대로 함	

④ 팀워크 촉진 방법
  ⊙ 동료 피드백 장려하기
  ⓒ 갈등 해결하기
  ⓒ 창의력 조성을 위해 협력하기
  ⓔ 참여적으로 의사결정하기

(2) 리더십능력

① 리더십의 의미 … 리더십이란 조직의 공통된 목적을 달성하기 위하여 개인이 조직원들에게 영향을 미치는 과정이다.
  ⊙ 리더십 발휘 구도 : 산업 사회에서는 상사가 하급자에게 리더십을 발휘하는 수직적 구조였다면 정보 사회로 오면서 하급자뿐만 아니라 동료나 상사에게까지도 발휘하는 정방위적 구조로 바뀌었다.
  ⓒ 리더와 관리자

리더	관리자
• 새로운 상황 창조자	• 상황에 수동적
• 혁신지향적	• 유지지향적 둠.
• 내일에 초점을 둠.	• 오늘에 초점을 둠.
• 사람의 마음에 불을 지핀다.	• 사람을 관리한다.
• 사람을 중시	• 체제나 기구를 중시
• 정신적	• 기계적
• 계산된 리스크를 취한다.	• 리스크를 회피한다.
• '무엇을 할까'를 생각한다.	• '어떻게 할까'를 생각한다.

예제 3

리더에 대한 설명으로 옳지 않은 것은?

① 사람을 중시한다.
② 오늘에 초점을 둔다.
③ 혁신지향적이다.
④ 새로운 상황 창조자이다.

[출제의도]
리더와 관리자에 대한 문제로 각각에 대해 완벽하게 구분할 수 있어야 한다.
[해설]
② 리더는 내일에 초점을 둔다.

답 ②

---

② 리더십 유형
  ⊙ 독재자 유형 : 정책의사결정과 대부분의 핵심정보를 그들 스스로에게만 국한하여 소유하고 고수하려는 경향이 있다. 통제 없이 방만한 상태, 가시적인 성과물이 안 보일 때 효과적이다.

    ⓒ **민주주의에 근접한 유형** : 그룹에 정보를 잘 전달하려고 노력하고 전체 그룹의 구성원 모두를 목표방향으로 설정에 참여하게 함으로써 구성원들에게 확신을 심어주려고 노력한다. 혁신적이고 탁월한 부하직원들을 거느리고 있을 때 효과적이다.

    ⓒ **파트너십 유형** : 리더와 집단 구성원 사이의 구분이 희미하고 리더가 조직에서 한 구성원이 되기도 한다. 소규모 조직에서 경험, 재능을 소유한 조직원이 있을 때 효과적으로 활용할 수 있다.

    ⓔ **변혁적 리더십 유형** : 개개인과 팀이 유지해 온 업무수행 상태를 뛰어넘어 전체 조직이나 팀원들에게 변화를 가져오는 원동력이 된다. 조직에 있어 획기적인 변화가 요구될 때 활용할 수 있다.

③ **동기부여 방법**

    ㉠ 긍정적 강화법을 활용한다.

    ⓒ 새로운 도전의 기회를 부여한다.

    ⓒ 창의적인 문제해결법을 찾는다.

    ⓔ 책임감으로 철저히 무장한다.

    ⓜ 몇 가지 코칭을 한다.

    ⓗ 변화를 두려워하지 않는다.

    ⓢ 지속적으로 교육한다.

④ **코칭**

    ㉠ 코칭은 조직의 지속적인 성장과 성공을 만들어내는 리더의 능력으로 직원들의 능력을 신뢰하며 확신하고 있다는 사실에 기초한다.

    ⓒ **코칭의 기본 원칙**

      • 관리는 만병통치약이 아니다.

      • 권한을 위임한다.

      • 훌륭한 코치는 뛰어난 경청자이다.

      • 목표를 정하는 것이 가장 중요하다.

⑤ **임파워먼트** … 조직성원들을 신뢰하고 그들의 잠재력을 믿으며 그 잠재력의 개발을 통해 High Performance 조직이 되도록 하는 일련의 행위이다.

    ㉠ **임파워먼트의 이점**(High Performance 조직의 이점)

      • 나는 매우 중요한 일을 하고 있으며, 이 일은 다른 사람이 하는 일보다 훨씬 중요한 일이다.

      • 일의 과정과 결과에 나의 영향력이 크게 작용했다.

      • 나는 정말로 도전하고 있고 나는 계속해서 성장하고 있다.

      • 우리 조직에서는 아이디어가 존중되고 있다.

- 내가 하는 일은 항상 재미가 있다.
- 우리 조직의 구성원들은 모두 대단한 사람들이며, 다 같이 협력해서 승리하고 있다.

   ⓛ 임파워먼트의 충족 기준
- 여건의 조건 : 사람들이 자유롭게 참여하고 기여할 수 있는 여건 조성
- 재능과 에너지의 극대화
- 명확하고 의미 있는 목적에 초점

   ⓒ 높은 성과를 내는 임파워먼트 환경의 특징
- 도전적이고 흥미 있는 일
- 학습과 성장의 기회
- 높은 성과와 지속적인 개선을 가져오는 요인들에 대한 통제
- 성과에 대한 지식
- 긍정적인 인간관계
- 개인들이 공헌하며 만족한다는 느낌
- 상부로부터의 지원

   ⓔ 임파워먼트의 장애요인
- 개인 차원 : 주어진 일을 해내는 역량의 결여, 동기의 결여, 결의의 부족, 책임감 부족, 의존성
- 대인 차원 : 다른 사람과의 성실성 결여, 약속 불이행, 성과를 제한하는 조직의 규범, 갈등처리 능력 부족, 승패의 태도
- 관리 차원 : 통제적 리더십 스타일, 효과적 리더십 발휘 능력 결여, 경험 부족, 정책 및 기획의 실행 능력 결여, 비전의 효과적 전달능력 결여
- 조직 차원 : 공감대 형성이 없는 구조와 시스템, 제한된 정책과 절차

⑥ 변화관리의 3단계 … 변화 이해 → 변화 인식 → 변화 수용

(3) 갈등관리능력

① 갈등의 의미 및 원인

   ㉠ 갈등이란 상호 간의 의견차이 때문에 생기는 것으로 당사가 간에 가치, 규범, 이해, 아이디어, 목표 등이 서로 불일치하여 충돌하는 상태를 의미한다.

   ⓛ 갈등을 확인할 수 있는 단서
- 지나치게 감정적으로 논평과 제안을 하는 것
- 타인의 의견발표가 끝나기도 전에 타인의 의견에 대해 공격하는 것
- 핵심을 이해하지 못한데 대해 서로 비난하는 것
- 편을 가르고 타협하기를 거부하는 것

- 개인적인 수준에서 미묘한 방식으로 서로를 공격하는 것
  - ⓒ 갈등을 증폭시키는 원인 : 적대적 행동, 입장 고수, 감정적 관여 등
② 실제로 존재하는 갈등 파악
  - ⊙ 갈등의 두 가지 쟁점

핵심 문제	감정적 문제
• 역할 모호성 • 방법에 대한 불일치 • 목표에 대한 불일치 • 절차에 대한 불일치 • 책임에 대한 불일치 • 가치에 대한 불일치 • 사실에 대한 불일치	• 공존할 수 없는 개인적 스타일 • 통제나 권력 확보를 위한 싸움 • 자존심에 대한 위협 • 질투 • 분노

예제 4

갈등의 두 가지 쟁점 중 감정적 문제에 대한 설명으로 적절하지 않은 것은?

① 공존할 수 없는 개인적 스타일
② 역할 모호성
③ 통제나 권력 확보를 위한 싸움
④ 자존심에 대한 위협

[출제의도]
갈등의 두 가지 쟁점인 핵심문제와 감정적 문제에 대해 묻는 문제로 이 두 가지 쟁점을 구분할 수 있는 능력이 필요하다.
[해설]
② 갈등의 두 가지 쟁점 중 핵심 문제에 대한 설명이다.

답 ②

- ⓛ 갈등의 두 가지 유형
  - 불필요한 갈등 : 개개인이 저마다 문제를 다르게 인식하거나 정보가 부족한 경우, 편견 때문에 발생한 의견 불일치로 적대적 감정이 생길 때 불필요한 갈등이 일어난다.
  - 해결할 수 있는 갈등 : 목표와 욕망, 가치, 문제를 바라보는 시각과 이해하는 시각이 다를 경우에 일어날 수 있는 갈등이다.

③ 갈등해결 방법
  - ⊙ 다른 사람들의 입장을 이해한다.
  - ⓛ 사람들이 당황하는 모습을 자세하게 살핀다.
  - ⓒ 어려운 문제는 피하지 말고 맞선다.
  - ⓒ 자신의 의견을 명확하게 밝히고 지속적으로 강화한다.
  - ⓜ 사람들과 눈을 자주 마주친다.
  - ⓑ 마음을 열어놓고 적극적으로 경청한다.
  - ⓢ 타협하려 애쓴다.

　　　　ⓞ 어느 한쪽으로 치우치지 않는다.
　　　　ⓩ 논쟁하고 싶은 유혹을 떨쳐낸다.
　　　　ⓧ 존중하는 자세로 사람들을 대한다.
　　④ 윈-윈(Win-Win) 갈등 관리법 … 갈등과 관련된 모든 사람으로부터 의견을 받아서 문제의 본질적인 해결책을 얻고자 하는 방법이다.

　　⑤ 갈등을 최소화하기 위한 기본원칙
　　　　㉠ 먼저 다른 팀원의 말을 경청하고 나서 어떻게 반응할 것인가를 결정한다.
　　　　㉡ 모든 사람이 거의 대부분의 문제에 대해 나름의 의견을 가지고 있다는 점을 인식한다.
　　　　㉢ 의견의 차이를 인정한다.
　　　　㉣ 팀 갈등해결 모델을 사용한다.
　　　　㉤ 자신이 받기를 원하지 않는 형태로 남에게 작업을 넘겨주지 않는다.
　　　　㉥ 다른 사람으로부터 그러한 작업을 넘겨받지 않는다.
　　　　㉦ 조금이라도 의심이 날 때에는 분명하게 말해 줄 것을 요구한다.
　　　　㉧ 가정하는 것은 위험하다.
　　　　㉨ 자신의 책임이 어디서부터 어디까지인지를 명확히 하고 다른 팀원의 책임과 어떻게 조화되는지를 명확히 한다.
　　　　㉩ 자신이 알고 있는 바를 알 필요가 있는 사람들을 새롭게 파악한다.
　　　　㉪ 다른 팀원과 불일치하는 쟁점이나 사항이 있다면 다른 사람이 아닌 당사자에게 직접 말한다.

(4) 협상능력

　① 협상의 의미
　　　㉠ **의사소통 차원** : 이해당사자들이 자신들의 욕구를 충족시키기 위해 상대방으로부터 최선의 것을 얻어내려 설득하는 커뮤니케이션 과정
　　　㉡ **갈등해결 차원** : 갈등관계에 있는 이해당사자들이 대화를 통해서 갈등을 해결하고자 하는 상호작용과정
　　　㉢ **지식과 노력 차원** : 우리가 얻고자 하는 것을 가진 사람의 호의를 쟁취하기 위한 것에 관한 지식이며 노력의 분야
　　　㉣ **의사결정 차원** : 선호가 서로 다른 협상 당사자들이 합의에 도달하기 위해 공동으로 의사결정 하는 과정
　　　㉤ **교섭 차원** : 둘 이상의 이해당사자들이 여러 대안들 가운데서 이해당사자들 모두가 수용 가능한 대안을 찾기 위한 의사결정과정

② 협상 과정

단계	내용
협상 시작	• 협상 당사자들 사이에 상호 친근감을 쌓음 • 간접적인 방법으로 협상의사를 전달함 • 상대방의 협상의지를 확인함 • 협상진행을 위한 체제를 짬
상호 이해	• 갈등문제의 진행상황과 현재의 상황을 점검함 • 적극적으로 경청하고 자기주장을 제시함 • 협상을 위한 협상대상 안건을 결정함
실질 이해	• 겉으로 주장하는 것과 실제로 원하는 것을 구분하여 실제로 원하는 것을 찾아 냄 • 분할과 통합 기법을 활용하여 이해관계를 분석함
해결 대안	• 협상 안건마다 대안들을 평가함 • 개발한 대안들을 평가함 • 최선의 대안에 대해서 합의하고 선택함 • 대안 이행을 위한 실행계획을 수립함
합의 문서	• 합의문을 작성함 • 합의문상의 합의내용, 용어 등을 재점검함 • 합의문에 서명함

③ 협상전략

　㉠ 협력전략 : 협상 참여자들이 협동과 통합으로 문제를 해결하고자 하는 협력적 문제해결 전략

　㉡ 유화전략 : 양보전략으로 상대방이 제시하는 것을 일방적으로 수용하여 협상의 가능성을 높이려는 전략이다. 순응전략, 화해전략, 수용전략이라고도 한다.

　㉢ 회피전략 : 무행동전략으로 협상으로부터 철수하는 철수전략이다. 협상을 피하거나 잠정적으로 중단한다.

　㉣ 강압전략 : 경쟁전략으로 자신이 상대방보다 힘에 있어서 우위를 점유하고 있을 때 자신의 이익을 극대화하기 위한 공격적 전략이다.

④ 상대방 설득 방법의 종류

　㉠ See-Feel-Change 전략 : 시각화를 통해 직접 보고 스스로가 느끼게 하여 변화시켜 설득에 성공하는 전략

　㉡ 상대방 이해 전략 : 상대방에 대한 이해를 바탕으로 갈등해결을 용이하게 하는 전략

　㉢ 호혜관계 형성 전략 : 혜택들을 주고받은 호혜관계 형성을 통해 협상을 용이하게 하는 전략

　㉣ 헌신과 일관성 전략 : 협상 당사자간에 기대하는 바에 일관성 있게 헌신적으로 부응하여 행동함으로서 협상을 용이하게 하는 전략

ⓜ **사회적 입증 전략** : 과학적인 논리보다 동료나 사람들의 행동에 의해서 상대방을 설득하는 전략

ⓗ **연결전략** : 갈등 문제와 갈등관리자를 연결시키는 것이 아니라 갈등을 야기한 사람과 관리자를 연결시킴으로서 협상을 용이하게 하는 전략

ⓢ **권위전략** : 직위나 전문성, 외모 등을 활용하여 협상을 용이하게 하는 전략

ⓞ **희소성 해결 전략** : 인적, 물적 자원 등의 희소성을 해결함으로서 협상과정상의 갈등해결을 용이하게 하는 전략

ⓩ **반항심 극복 전략** : 억압하면 할수록 더욱 반항하게 될 가능성이 높아지므로 이를 피함으로서 협상을 용이하게 하는 전략

(5) 고객서비스능력

① **고객서비스의 의미** … 고객서비스란 다양한 고객의 요구를 파악하고 대응법을 마련하여 고객에게 양질의 서비스를 제공하는 것을 말한다.

② **고객의 불만표현 유형 및 대응방안**

불만표현 유형	대응방안
거만형	• 정중하게 대하는 것이 좋다. • 자신의 과시욕이 채워지도록 뽐내게 내버려 둔다. • 의외로 단순한 면이 있으므로 일단 호감을 얻게 되면 득이 될 경우도 있다.
의심형	• 분명한 증거나 근거를 제시하여 스스로 확신을 갖도록 유도한다. • 때로는 책임자로 하여금 응대하는 것도 좋다.
트집형	• 이야기를 경청하고 맞장구를 치며 추켜세우고 설득해 가는 방법이 효과적이다. • '손님의 말씀이 맞습니다.' 하고 고객의 지적이 옳음을 표시한 후 '저도 그렇게 생각하고 있습니다만……' 하고 설득한다. • 잠자코 고객의 의견을 경청하고 사과를 하는 응대가 바람직하다.
빨리빨리형	• '글쎄요.', '아마' 하는 식으로 애매한 화법을 사용하지 않는다. • 만사를 시원스럽게 처리하는 모습을 보이면 응대하기 쉽다.

③ 고객 불만처리 프로세스

단계	내용
경청	• 고객의 항의를 경청하고 끝까지 듣는다. • 선입관을 버리고 문제를 파악한다.
감사와 공감표시	• 일부러 시간을 내서 해결의 기회를 준 것에 감사를 표시한다. • 고객의 항의에 공감을 표시한다.
사과	• 고객의 이야기를 듣고 문제점에 대해 인정하고, 잘못된 부분에 대해 사과한다.
해결약속	• 고객이 불만을 느낀 상황에 대해 관심과 공감을 보이며, 문제의 빠른 해결을 약속한다.
정보파악	• 문제해결을 위해 꼭 필요한 질문만 하여 정보를 얻는다. • 최선의 해결방법을 찾기 어려우면 고객에게 어떻게 해주면 만족스러운지를 묻는다.
신속처리	• 잘못된 부분을 신속하게 시정한다.
처리확인과 사과	• 불만처리 후 고객에게 처리 결과에 만족하는지를 물어본다.
피드백	• 고객 불만 사례를 회사 및 전 직원에게 알려 다시는 동일한 문제가 발생하지 않도록 한다.

④ 고객만족 조사

　　㉠ 목적 : 고객의 주요 요구를 파악하여 가장 중요한 고객요구를 도출하고 자사가 가지고 있는 자원을 토대로 경영 프로세스의 개선에 활용함으로써 경쟁력을 증대시키는 것이다.

　　㉡ 고객만족 조사계획에서 수행되어야 할 것
　　　• 조사 분야 및 대상 결정
　　　• 조사목적 설정 : 전체적 경향의 파악, 고객에 대한 개별대응 및 고객과의 관계유지 파악, 평가목적, 개선목적
　　　• 조사방법 및 횟수
　　　• 조사결과 활용 계획

예제 5

고객중심 기업의 특징으로 옳지 않은 것은?

① 고객이 정보, 제품, 서비스 등에 쉽게 접근할 수 있도록 한다.
② 보다 나은 서비스를 제공할 수 있도록 기업정책을 수립한다.
③ 고객 만족에 중점을 둔다.
④ 기업이 행한 서비스에 대한 평가는 한번으로 끝낸다.

[출제의도]
고객서비스능력에 대한 포괄적인 문제로 실제 고객중심 기업의 입장에서 생각해 보면 쉽게 풀 수 있는 문제다.
[해설]
④ 기업이 행한 서비스에 대한 평가는 수시로 이루어져야 한다.

답 ④

출제예상문제

1 다음 사례에서 나오는 마부장의 리더십은 어떤 유형인가?

> ○○그룹의 마부장은 이번에 새로 보직 이동을 하면서 판매부서로 자리를 옮겼다. 그런데 판매부서는 ○○그룹에서도 알아주는 문제가 많은 부서 중에 한 곳으로 모두들 이곳으로 옮기기를 꺼려한다. 그런데 막상 이곳으로 온 마부장은 이곳 판매부서가 비록 직원이 3명밖에 없는 소규모의 부서이지만 세 명 모두가 각자 나름대로의 재능과 경험을 가지고 있고 단지 서로 화합과 협력이 부족하여 성과가 저조하게 나타났음을 깨달았다. 또한 이전 판매부장은 이를 간과한 채 오직 성과내기에 급급하여 직원들을 다그치기만 하자 팀 내 사기마저 떨어지게 된 것이다. 이에 마부장은 부원들의 단합을 위해 매주 등산모임을 만들고 수시로 함께 식사를 하면서 많은 대화를 나눴다. 또한 각자의 능력을 살릴 수 있도록 업무를 분담해 주고 작은 성과라도 그에 맞는 보상을 해 주었다. 이렇게 한 달, 두 달이 지나자 판매부서의 성과는 눈에 띄게 높아졌으며 직원들의 사기 역시 높게 나타났다.

① 카리스마 리더십
② 독재자형 리더십
③ 변혁적 리더십
④ 거래적 리더십

> **TIP 》** ③ 조직구성원들이 신뢰를 가질 수 있는 카리스마와 함께 조직변화의 필요성을 인지하고 그러한 변화를 나타내기 위해 새로운 비전을 제시하는 능력을 갖춘 리더십을 말한다.

2 다음 사례에서 민수의 행동 중 잘못된 행동은 무엇인가?

> 민수는 Y기업 판매부서의 부장이다. 그의 부서는 크게 3개의 팀으로 구성되어 있는데 이번에 그의 부서에서 본사의 중요한 프로젝트를 맡게 되었고 그는 세 팀의 팀장들에게 이번 프로젝트를 성공시키면 전원 진급을 시켜주겠다고 약속하였다. 각 팀의 팀장들은 민수의 말을 듣고 한 달 동안 야근을 하면서 마침내 거액의 계약을 따내게 되었다. 이로 인해 각 팀의 팀장들은 회사로부터 약간의 성과급을 받게 되었지만 정작 진급은 애초에 세 팀 중에 한 팀만 가능하다는 사실을 뒤늦게 통보받았다. 각 팀장들은 민수에게 불만을 표시했고 민수는 미안하게 됐다며 성과급 받은 것으로 만족하라는 말만 되풀이하였다.

① 상대방에 대한 이해   ② 기대의 명확화
③ 사소한 일에 대한 관심   ④ 약속의 불이행

> **TIP》** 민수는 각 팀장들에게 프로젝트 성공 시 전원 진급을 약속하였지만 결국 그 약속을 이행하지 못했으므로 정답은 ④이다.

3 다음 사례에서 이 고객의 불만유형으로 적절한 것은?

> 훈재가 근무하고 있는 △△핸드폰 대리점에 한 고객이 방문하여 깨진 핸드폰 케이스를 보여주며 무상으로 바꿔달라고 요구하고 있다. 이 핸드폰 케이스는 이번에 새로 출시된 핸드폰에 맞춰서 이벤트 차원에서 한 달간 무상으로 지급한 것이며 현재는 이벤트 기간이 끝나 돈을 주고 구입을 해야 한다. 훈재는 깨진 핸드폰 케이스는 고객의 실수에 의한 것으로 무상으로 바꿔줄 수 없으며 새로 다시 구입을 해야 한다고 설명하였다. 하지만 이 고객은 본인은 핸드폰을 구입할 때 이미 따로 보험에 가입을 했으며 핸드폰 케이스는 핸드폰의 부속품이므로 마땅히 무상 교체를 해줘야 한다고 트집을 잡고 있다.

① 의심형   ② 빨리빨리형
③ 거만형   ④ 트집형

> **TIP》** 위의 사례에서 고객은 자신의 잘못으로 핸드폰 케이스가 깨졌는데도 불구하고 무상 교체를 해줘야 한다고 트집을 잡고 있으므로 트집형 고객임을 알 수 있다.

ANSWER 〉 1.③ 2.④ 3.④

4 다음 사례에서 박부장이 취할 수 있는 행동으로 적절하지 않은 것은?

> ◆◆기업에 다니는 박부장은 최근 경기침체에 따른 회사의 매출부진과 관련하여 근무
> 환경을 크게 변화시키기로 결정하였다. 하지만 그의 부하들은 물론 상사와 동료들조차도
> 박부장의 결정에 회의적이었고 부정적인 시각을 내보였다. 그들은 변화에 소극적이었으
> 며 갑작스런 변화는 오히려 회사의 존립자체를 무너뜨릴 수 있다고 판단하였다. 하지만
> 박부장은 갑작스런 변화가 처음에는 회사를 좀 더 어렵게 할 수는 있으나 장기적으로
> 본다면 틀림없이 회사에 큰 장점으로 작용할 것이라고 확신하고 있었고 여기에는 전 직
> 원의 협력과 노력이 필요하였다.

① 직원들의 감정을 세심하게 살핀다.

② 변화의 긍정적인 면을 강조한다.

③ 주관적인 자세를 유지한다.

④ 변화에 적응할 시간을 준다.

> **TIP 》** 변화에 소극적인 직원들을 성공적으로 이끌기 위한 방법
> ㉠ 개방적인 분위기를 조성한다.
> ㉡ 객관적인 자세를 유지한다.
> ㉢ 직원들의 감정을 세심하게 살핀다.
> ㉣ 변화의 긍정적인 면을 강조한다.
> ㉤ 변화에 적응할 시간을 준다.

5 다음 사례에서 유팀장이 부하직원들의 동기부여를 위해 행한 방법으로 옳지 않은 것은?

> 전자제품을 생산하고 있는 △△기업은 매년 신제품을 출시하는 것으로 유명하다. 그 것도 시리즈 별로 하나씩 출시하기 때문에 실제로 출시되는 신제품은 1년에 2~3개가 된 다. 이렇다 보니 자연히 직원들은 새로운 제품을 출시하고도 곧바로 또 다른 제품에 대 한 아이디어를 내야하고 결국 이것이 스트레스로 이어져 업무에 대한 효율성이 떨어지 게 되었다. 유팀장의 부하직원들 또한 이러한 이유로 고민을 하고 있다. 따라서 유팀장 은 자신의 팀원들에게 아이디어를 하나씩 낼 때마다 게시판에 적힌 팀원들 이름 아래 스티커를 하나씩 붙이고 스티커가 다 차게 되면 휴가를 보내주기로 하였다. 또한 최근 들어 출시되는 제품들이 모두 비슷하기만 할 뿐 새로운 면을 찾아볼 수 없어 뭔가 혁신 적인 기술을 제품에 넣기로 하였다. 특히 △△기업은 전자제품을 주로 취급하다 보니 자 연히 보안에 신경을 쓸 수밖에 없었고 유팀장은 이 기회에 새로운 보안시스템을 선보이 기로 하였다. 그리하여 부하직원들에게 지금까지 아무도 시도하지 못한 새로운 보안시스 템을 개발해 보자고 제안하였고 팀원들도 그 의견에 찬성하였다. 나아가 유팀장은 직원 들의 스트레스를 좀 더 줄이고 업무효율성을 극대화시키기 위해 기존에 유지되고 있던 딱딱한 업무환경을 개선할 필요가 있음을 깨닫고 직원들에게 자율적으로 출퇴근을 할 수 있도록 하는 한편 사내에 휴식공간을 만들어 수시로 직원들이 이용할 수 있도록 변 화를 주었다. 그 결과 이번에 새로 출시된 제품은 △△기업 사상 최고의 매출을 올리며 큰 성과를 거두었고 팀원들의 사기 또한 하늘을 찌르게 되었다.

① 긍정적 강화법을 활용한다.
② 새로운 도전의 기회를 부여한다.
③ 지속적으로 교육한다.
④ 변화를 두려워하지 않는다.

> **TIP 》** ① 유팀장은 스티커를 이용한 긍정적 강화법을 활용하였다.
> ② 유팀장은 지금까지 아무도 시도하지 못한 새로운 보안시스템을 개발해 보자고 제안하며 부하직원들에게 새로운 도전의 기회를 부여하였다.
> ④ 유팀장은 부하직원들에게 자율적으로 출퇴근할 수 있도록 하였고 사내에도 휴식공간을 만들어 자유롭게 이용토록 하는 등 업무환경의 변화를 두려워하지 않았다.

ANSWER 》 4.③ 5.③

6 다음 사례에서 오부장이 취할 행동으로 가장 적절한 것은?

> 오부장이 다니는 J의류회사는 전국 각지에 매장을 두고 있는 큰 기업 중 하나이다. 따라서 매장별로 하루에도 수많은 손님들이 방문하며 그 중에는 옷에 대해 불만을 품고 찾아오는 손님들도 간혹 있다. 하지만 고지식하며 상부의 지시를 중시 여기는 오부장은 이러한 사소한 일들도 하나하나 보고하여 상사의 지시를 받으라고 부하직원들에게 강조하고 있다. 그러다 보니 매장 직원들은 사소한 문제 하나라도 스스로 처리하지 못하고 일일이 상부에 보고를 하고 상부의 지시가 떨어지면 그때서야 문제를 해결한다. 이로 인해 자연히 불만고객에 대한 대처가 늦어지고 항의도 잇따르게 되었다. 오늘도 한 매장에서 소매에 단추 하나가 없어 이를 수선해 줄 것을 요청하는 고객의 불만을 상부에 보고해 지시를 기다리다가 결국 고객이 기다리지 못하고 환불요청을 한 사례가 있었다.

① 오부장이 직접 그 고객에게 가서 불만사항을 처리한다.
② 사소한 업무처리는 매장 직원들이 스스로 해결할 수 있도록 어느 정도 권한을 부여한다.
③ 매장 직원들에게 고객의 환불요청에 대한 책임을 물어 징계를 내린다.
④ 앞으로 이러한 실수가 일어나지 않도록 옷을 수선하는 직원들의 교육을 다시 시킨다.

TIP 》 위 사례에서 불만고객에 대한 대처가 늦어지고 그로 인해 항의가 잇따르고 있는 이유는 사소한 일조차 상부에 보고해 그 지시를 기다렸다가 해결하는 업무체계에 있다. 따라서 오부장은 어느 정도의 권한과 책임을 매장 직원들에게 위임하여 그들이 현장에서 바로 문제를 해결할 수 있도록 도와주어야 한다.

7 다음 사례에서 팀원들의 긴장을 풀어주기 위해 나팀장이 취할 수 있는 행동으로 가장 적절한 것은?

> 나팀장이 다니는 ▷◁기업은 국내에서 가장 큰 매출을 올리며 국내 경제를 이끌어가고 있다. 그로 인해 임직원들의 연봉은 다른 기업에 비해 몇 배나 높은 편이다. 하지만 그만큼 직원들의 업무는 많고 스트레스 또한 다른 직장인들에 비해 훨씬 높다. 매일 아침 6시까지 출근해서 2시간 동안 회의를 하고 야근도 밥 먹듯이 한다. 이런 생활이 계속되자 갓 입사한 신입직원들은 얼마 못 가 퇴사하기에 이르고 기존에 있던 직원들도 더 이상 신선한 아이디어를 내놓기 어려운 실정이 되었다. 특히 오늘 아침에는 유난히 팀원들이 긴장을 하는 것 같아 나팀장은 새로운 활동을 통해 팀원들의 긴장을 풀어주어야겠다고 생각했다.

① 자신이 신입직원이었을 당시 열정적으로 일해서 성공한 사례들을 들려준다.

② 오늘 아침 발표된 경쟁사의 신제품과 관련된 신문기사를 한 부씩 나눠주며 읽어보도록 한다.

③ 다른 직장인들에 비해 자신들의 연봉이 높음을 강조하면서 조금 더 힘내 줄 것을 당부한다.

④ 회사 근처에 있는 숲길을 천천히 걸으며 잠시 일상에서 벗어날 수 있는 시간을 마련해 준다.

> **TIP 》** 나팀장의 팀원들은 매일 과도한 업무로 인해 스트레스가 쌓인 상태이므로 잠시 일상에서 벗어나 새롭게 기분전환을 할 수 있도록 배려해야 한다. 그러기 위해서는 조용한 숲길을 걷는다든지, 약간의 수면을 취한다든지, 사우나를 하면서 몸을 푸는 것도 좋은 방법이 될 수 있다.

ANSWER 〉 6.② 7.④

8 대인관계능력을 구성하는 하위능력 중 현재 동신과 명섭의 팀에게 가장 필요한 능력은 무엇인가?

> 올해 E그룹에 입사하여 같은 팀에서 근무하게 된 동신과 명섭은 다른 팀에 있는 입사 동기들과 외만 섬으로 신입사원 워크숍을 가게 되었다. 그 곳에서 각 팀별로 1박 2일 동안 스스로 의·식·주를 해결하며 주어진 과제를 수행하는 임무가 주어졌는데 동신은 부지런히 섬 이 곳 저 곳을 다니며 먹을 것을 구해오고 숙박할 장소를 마련하는 등 솔선수범 하였지만 명섭은 단지 섬을 돌아다니며 경치 구경만 하고 사진 찍기에 여념이 없었다. 그리고 과제수행에 있어서도 동신은 적극적으로 임한 반면 명섭은 소극적인 자세를 취해 그 결과 동신과 명섭의 팀만 과제를 수행하지 못했고 결국 인사상의 불이익을 당하게 되었다.

① 리더십능력
② 팀워크능력
③ 협상능력
④ 고객서비스능력

　　TIP 》 현재 동신과 명섭의 팀에게 가장 필요한 능력은 팀워크능력이다.

9 다음 사례에서 장부장이 취할 수 있는 가장 적절한 행동은 무엇인가?

> 서울에 본사를 둔 T그룹은 매년 상반기와 하반기에 한 번씩 전 직원이 워크숍을 떠난다. 이는 평소 직원들 간의 단체생활을 중시 여기는 T그룹 회장의 지침 때문이다. 하지만 워낙 직원이 많은 T그룹이다 보니 전 직원이 한꺼번에 움직이는 것은 불가능하고 각 부서별로 그 부서의 장이 재량껏 계획을 세우고 워크숍을 진행하도록 되어 있다. 이에 따라 생산부서의 장부장은 부원들과 강원도 태백산에 가서 1박 2일로 야영을 하기로 했다. 하지만 워크숍을 가는 날 아침 갑자기 예약한 버스가 고장이 나서 출발을 못한다는 연락을 받았다.

① 워크숍은 장소보다도 이를 통한 부원들의 단합과 화합이 중요하므로 서울 근교의 적당한 장소를 찾아 워크숍을 진행한다.
② 무슨 일이 있어도 계획을 실행하기 위해 새로 예약 가능한 버스를 찾아보고 태백산으로 간다.
③ 어쩔 수 없는 일이므로 상사에게 사정을 얘기하고 이번 워크숍은 그냥 집에서 쉰다.
④ 각 부원들에게 의견을 물어보고 각자 자율적으로 하고 싶은 활동을 하도록 한다.

　　TIP 》 T그룹에서 워크숍을 하는 이유는 직원들 간의 단합과 화합을 키우기 위해서이고 또한 각 부서의 장에게 나름대로의 재량권이 주어졌으므로 위 사례에서 장부장이 할 수 있는 행동으로 가장 적절한 것은 ①번이다.

10 다음 사례에서 이 고객에 대한 적절한 응대법으로 옳은 것은?

> 은지는 옷가게를 운영하고 있는데 어느 날 한 여성 고객이 찾아왔다. 그녀는 매장을 둘러보면서 이 옷, 저 옷을 만져보고 입어보더니 "어머, 여기는 옷감이 좋아보이지도 않는데 가격은 비싸네.", "여긴 별로 예쁜 옷이 없네. 디자이너가 아직 경험이 부족한 것 같은데." 등의 말을 하면서 거만하게 자신도 디자이너 출신이고 아가씨가 아직 경험이 부족한 것 같아 자신이 조금 조언을 해 주겠다며 은지에게 옷을 만들 때 옷감은 어떤 걸로 해야 하고 매듭은 어떻게 지어야 한다는 둥의 말을 늘어놓았다. 그러는 동안 옷가게에는 몇 명의 다른 손님들이 옷을 둘러보며 은지를 찾다가 그냥 되돌아갔다.

① 자신의 과시욕이 채워지도록 뽐내게 내버려 둔다.
② 분명한 증거나 근거를 제시하여 스스로 확신을 갖도록 유도한다.
③ 이야기를 경청하고 맞장구를 치며 치켜세우고 설득해 간다.
④ "글쎄요.", "아마"와 같은 애매한 화법을 사용하지 않는다.

> **TIP》** 위 사례의 여성고객은 거만형에 해당하는 고객이다.
> ※ 거만형 고객에 대한 응대법
> ㉠ 정중하게 대하는 것이 좋다.
> ㉡ 자신의 과시욕이 채워지도록 뽐내게 내버려 둔다.
> ㉢ 의외로 단순한 면이 있으므로 일단 호감을 얻게 되면 득이 될 경우도 있다.

11 다음 사례에서 직장인으로서 옳지 않은 행동을 한 사람은?

> **〈사례1〉**
>
> K그룹에 다니는 철환이는 어제 저녁 친구들과 횟집에서 회를 먹고 오늘 일어나자 갑자기 배가 아파 병원에 간 결과 식중독에 걸렸다는 판정을 받고 입원을 하게 되었다. 생각지도 못한 일로 갑자기 결근을 하게 된 철환이는 즉시 회사에 연락해 사정을 말한 후 연차를 쓰고 입원하였다.
>
> **〈사례2〉**
>
> 여성 구두를 판매하는 S기업의 영업사원으로 입사한 상빈이는 업무상 여성고객들을 많이 접하고 있다. 어느 날 외부의 한 백화점에서 여성고객을 만나게 된 상빈이는 그 고객과 식사를 하기 위해 식당이 있는 위층으로 에스컬레이터를 타고 가게 되었다. 이때 그는 그 여성고객에게 먼저 타도록 하고 자신은 뒤에 타고 올라갔다.
>
> **〈사례3〉**
>
> 한창 열심히 근무하는 관모에게 한 통의 전화가 걸려 왔다. 얼마 전 집 근처에 있는 공인중개사에 자신의 이름으로 된 집을 월세로 내놓았는데 그 공인중개사에서 연락이 온 것이다. 그는 옆자리에 있는 동료에게 잠시 자리를 비우겠다고 말한 뒤 신속하게 사무실 복도를 지나 야외 휴게실에서 공인중개사 사장과 연락을 하고 내일 저녁 계약 약속을 잡았다.
>
> **〈사례4〉**
>
> 입사한 지 이제 한 달이 된 정호는 어느 날 다른 부서에 급한 볼일이 있어 복도를 지나다가 우연히 앞에 부장님이 걸어가는 걸 보았다. 부장님보다 천천히 가자니 다른 부서에 늦게 도착할 것 같아 어쩔 수 없이 부장님을 지나치게 되었는데 이때 그는 부장님께 "실례하겠습니다."라고 말하는 것을 잊지 않았다.

① 철환　　　　　　　　　　② 상빈
③ 관모　　　　　　　　　　④ 정호

TIP 》 ② 남성과 여성이 함께 에스컬레이터나 계단을 이용하여 위로 올라갈 때는 남성이 앞에 서고 여성이 뒤에 서도록 한다.

12 다음 사례에서 팀워크에 도움이 안 되는 사람은 누구인가?

◎◎기업의 입사동기인 영재와 영초, 문식, 윤영은 이번에 처음으로 함께 프로젝트를 수행하게 되었다. 이는 이번에 나온 신제품에 대한 소비자들의 선호도를 조사하는 것으로 ◎◎기업에서 이들의 팀워크 능력을 알아보기 위한 일종의 시험이었다. 이 프로젝트에서 네 사람은 각자 자신이 잘 할 수 있는 능력을 살려 업무를 분담했는데 평소 말주변이 있고 사람들과 만나는 것을 좋아하는 영재는 직접 길거리로 나가 시민들을 대상으로 신제품에 대한 설문조사를 실시하였다. 그리고 어릴 때부터 일명 '천재소년'이라고 자타가 공인한 영초는 자신의 능력을 믿고 다른 사람들과는 따로 설문조사를 실시하여 보고서를 작성하였다. 한편 대학에서 수학과를 나와 통계에 자신 있는 문식은 영재가 조사해 온 자료를 바탕으로 통계를 내기 시작하였고 마지막으로 꼼꼼한 윤영이가 깔끔하게 보고서를 작성하여 상사에게 제출하였다.

---

① 영재
② 영초
③ 문식
④ 윤영

TIP 》 팀워크는 팀이 협동하여 행하는 동작이나 그들 상호 간의 연대를 일컫는다. 따라서 아무리 개인적으로 능력이 뛰어나다 하여도 혼자서 일을 처리하는 사람은 팀워크가 좋은 사람이라고 볼 수 없다. 따라서 정답은 ②번이다.

13 다음은 엄팀장과 그의 팀원인 문식의 대화이다. 다음 상황에서 엄팀장이 주의해야 할 점으로 옳지 않은 것은?

> 엄팀장 : 문식씨, 좋은 아침이군요. 나는 문식씨가 구체적으로 어떤 업무를 하길 원하는
> 지, 그리고 새로운 업무 목표는 어떻게 이룰 것인지 의견을 듣고 싶습니다.
> 문식 : 솔직히 저는 현재 제가 맡고 있는 업무도 벅찬데 새로운 업무를 받은 것에 대해
> 달갑지 않습니다. 그저 난감할 뿐이죠.
> 엄팀장 : 그렇군요. 그 마음 충분히 이해합니다. 하지만 현재 회사 여건상 인력감축은 불
> 가피합니다. 현재의 인원으로 업무를 어떻게 수행할 수 있을지에 대해 우리는
> 계획을 세워야 합니다. 이에 대해 문식씨가 새로 맡게 될 업무를 검토하고 그것
> 을 어떻게 달성할 수 있을지 집중적으로 얘기해 봅시다.
> 문식 : 일단 주어진 업무를 모두 처리하기에는 시간이 너무 부족합니다. 좀 더 다른 방법
> 을 세워야 할 것 같아요.
> 엄팀장 : 그렇다면 혹시 그에 대한 다른 대안이 있나요?
> 문식 : 기존에 제가 가지고 있던 업무들을 보면 없어도 될 중복된 업무들이 있습니다. 이
> 러한 업무들을 하나로 통합한다면 새로운 업무를 볼 여유가 생길 것 같습니다.
> 엄팀장 : 좋습니다. 좀 더 구체적으로 말씀해 주시겠습니까?
> 문식 : 우리는 지금까지 너무 고객의 요구를 만족시키기 위해 필요 없는 절차들을 많이
> 따르고 있었습니다. 이를 간소화할 필요가 있다고 생각합니다.
> 엄팀장 : 그렇군요. 어려운 문제에 대해 좋은 해결책을 제시해 줘서 정말 기쁩니다. 그렇
> 다면 지금부터는 새로운 업무를 어떻게 진행시킬지, 그리고 그 업무가 문식씨에
> 게 어떤 이점으로 작용할지에 대해 말씀해 주시겠습니까? 지금까지 문식씨는
> 맡은 업무를 잘 처리하였지만 너무 같은 업무만을 하다보면 도전정신도 없어지
> 고 자극도 받지 못하죠. 이번에 새로 맡게 될 업무를 완벽하게 처리하기 위해
> 어떤 방법을 활용할 생각입니까?
> 문식 : 네. 사실 말씀하신 바와 같이 지금까지 겪어보지 못한 전혀 새로운 업무라 기분이
> 좋지는 않습니다. 하지만 반면 저는 지금까지 제 업무를 수행하면서 창의적인 능
> 력을 사용해 보지 못했습니다. 이번 업무는 제게 이러한 창의적인 능력을 발휘할
> 수 있는 기회입니다. 따라서 저는 이번 업무를 통해 좀 더 창의적인 능력을 발휘
> 해 볼 수 있는 경험과 그에 대한 자신감을 얻게 됐다 점이 가장 큰 이점으로 작용
> 할 것이라 생각됩니다.
> 엄팀장 : 문식씨 정말 훌륭한 생각을 가지고 있군요. 이미 당신은 새로운 기술과 재능을
> 가지고 있다는 것을 우리에게 보여주고 있습니다.

① 지나치게 많은 정보와 지시를 내려 직원들을 압도한다.
② 어떤 활동을 다루고, 시간은 얼마나 걸리는지 등에 대해 구체적이고 명확하게 밝힌다.
③ 질문과 피드백에 충분한 시간을 할애한다.
④ 직원들의 반응을 이해하고 인정한다.

TIP 》 위 상황은 엄팀장이 팀원인 문식에게 코칭을 하고 있는 상황이다. 따라서 코칭을 할 때 주의해야 할 점으로 옳지 않은 것을 고르면 된다.
① 지나치게 많은 정보와 지시로 직원들을 압도해서는 안 된다.
※ **코칭을 할 때 주의해야 할 점**
　　㉠ 시간을 명확히 알린다.
　　㉡ 목표를 확실히 밝힌다.
　　㉢ 핵심적인 질문으로 효과를 높인다.
　　㉣ 적극적으로 경청한다.
　　㉤ 반응을 이해하고 인정한다.
　　㉥ 직원 스스로 해결책을 찾도록 유도한다.
　　㉦ 코칭과정을 반복한다.
　　㉧ 인정할 만한 일은 확실히 인정한다.
　　㉨ 결과에 대한 후속 작업에 집중한다.

14 다음의 대화를 통해 알 수 있는 내용으로 가장 알맞은 것은?

> K팀장 : 좋은 아침입니다. 어제 말씀드린 보고서는 다 완성이 되었나요?
> L사원 : 예, 아직 완성을 하지 못했습니다. 시간이 많이 부족한 것 같습니다.
> K팀장 : 보고서를 작성하는데 어려움이 있나요?
> L사원 : 팀장님의 지시대로 하는데 어려움은 없습니다. 그러나 저에게 주신 자료 중 잘못된 부분이 있는 것 같습니다.
> K팀장 : 아. 저도 몰랐던 부분이네요. 잘못된 점이 무엇인가요?
> L사원 : 직접 보시면 아실 것 아닙니까? 일부러 그러신 겁니까?
> K팀장 : 아 그렇습니까?

① K팀장은 아침부터 L사원을 나무라고 있다.
② L사원은 K팀장과 사이가 좋지 못하다.
③ K팀장은 리더로서의 역할이 부족하다.
④ L사원은 팀원으로서의 팔로워십이 부족하다.

TIP 》 대화를 보면 L사원이 팔로워십이 부족함을 알 수 있다. 팔로워십은 팀의 구성원으로서의 역할을 충실하게 잘 수행하는 능력을 말한다. L사원은 헌신, 전문성, 용기, 정직, 현명함을 갖추어야 하고 리더의 결점이 있으면 올바르게 지적하되 덮어주는 아량을 갖추어야 한다.

ANSWER 》 13.① 14.④

15 다음 사례에 나타난 리더십 유형의 특징으로 옳은 것은?

> 이번에 새로 팀장이 된 대근은 입사 5년차인 비교적 젊은 팀장이다. 그는 자신의 팀에 있는 팀원들은 모두 나름대로의 능력과 경험을 가지고 있으며 자신은 그들 중 하나에 불과하다고 생각한다. 따라서 다른 팀의 팀장들과 같이 일방적으로 팀원들에게 지시를 내리거나 팀원들의 의견을 듣고 그 중에서 마음에 드는 의견을 선택적으로 추리는 등의 행동을 하지 않고 평등한 입장에서 팀원들을 대한다. 또한 그는 그의 팀원들에게 의사결정 및 팀의 방향을 설정하는데 참여할 수 있는 기회를 줌으로써 팀 내 행동에 따른 결과 및 성과에 대해 책임을 공유해 나가고 있다. 이는 모두 팀원들의 능력에 대한 믿음에서 비롯된 것이다.

① 질문을 금지한다.
② 모든 정보는 리더의 것이다.
③ 실수를 용납하지 않는다.
④ 책임을 공유한다.

> **TIP》** 해당 사례는 파트너십 유형에 대한 사례이다.
> ①②③ 전형적인 독재자 유형의 특징이다.
> ※ 파트너십 유형의 특징
> ㉠ 평등
> ㉡ 집단의 비전
> ㉢ 책임 공유

16 다음에 해당하는 협상전략은 무엇인가?

> 양보전략으로 상대방이 제시하는 것을 일방적으로 수용하여 협상의 가능성을 높이려는 전략이다. 순응전략, 화해전략, 수용전략이라고도 한다.

① 협력전략   ② 회피전략
③ 강압전략   ④ 유화전략

> **TIP》** ① **협력전략**: 협상 참여자들이 협동과 통합으로 문제를 해결하고자 하는 협력적 문제해결전략이다.
> ② **회피전략**: 무행동전략으로 협상으로부터 철수하는 철수전략이다. 협상을 피하거나 잠정적으로 중단한다.
> ③ **강압전략**: 경쟁전략으로 자신이 상대방보다 힘에 있어서 우위를 점유하고 있을 때 자신의 이익을 극대화하기 위한 공격적 전략이다.

17 다음 두 사례를 읽고 하나가 가지고 있는 임파워먼트의 장애요인으로 옳은 것은?

> **〈사례1〉**
>
> ▽▽그룹에 다니는 민대리는 이번에 새로 입사한 신입직원 하나에게 최근 3년 동안의 매출 실적을 정리해서 올려달라고 부탁하였다. 더불어 기존 거래처에 대한 DB를 새로 업데이트하고 회계팀으로부터 전달받은 통계자료를 토대로 새로운 마케팅 보고서를 작성하라고 지시하였다. 하지만 하나는 일에 대한 열의는 전혀 없이 그저 맹목적으로 지시받은 업무만 수행하였다. 민대리는 그녀가 왜 업무에 열의를 보이지 않는지, 새로운 마케팅 사업에 대한 아이디어를 내놓지 못하는지 의아해 했다.
>
> **〈사례2〉**
>
> ◆◆기업에 다니는 박대리는 이번에 새로 입사한 신입직원 희진에게 최근 3년 동안의 매출 실적을 정리해서 올려달라고 부탁하였다. 더불어 기존 거래처에 대한 DB를 새로 업데이트하고 회계팀으로부터 전달받은 통계자료를 토대로 새로운 마케팅 보고서를 작성하라고 지시하였다. 희진은 지시받은 업무를 확실하게 수행했지만 일에 대한 열의는 전혀 없었다. 이에 박대리는 그녀와 함께 실적자료와 통계자료들을 살피며 앞으로의 판매 향상에 도움이 될 만한 새로운 아이디어를 생각하여 마케팅 계획을 세우도록 조언하였다. 그제야 희진은 자신에게 주어진 프로젝트에 대해 막중한 책임감을 느끼고 자신의 판단에 따라 효과적인 해결책을 만들었다.

① 책임감 부족 　　　　　　　② 갈등처리 능력 부족
③ 경험 부족 　　　　　　　　④ 제한된 정책과 절차

　TIP 》 〈사례2〉에서 희진은 자신의 업무에 대해 책임감을 가지고 일을 했지만 〈사례1〉에 나오는 하나는 자신의 업무에 대한 책임감이 결여되어 있다.

18 다음 중 거만형 불만고객에 대한 대응방안으로 옳지 않은 것은?

① 정중하게 대하는 것이 좋다.
② 분명한 증거나 근거를 제시하여 스스로 확신을 갖도록 유도한다.
③ 자신의 과시욕이 채워지도록 뽐내게 내버려 둔다.
④ 의외로 단순한 면이 있으므로 일단 호감을 얻게 되면 득이 될 경우도 있다.

　TIP 》 ② 의심형 불만고객에 대한 대응방안이다.

ANSWER 〉 15.④　16.④　17.①　18.②

19 갈등이 증폭되는 일반적인 원인이 아닌 것은?

① 의사소통의 단절

② 각자의 입장만을 고수하는 자세

③ 승리보다 문제 해결을 중시하는 태도

④ 승·패의 경기를 시작

> **TIP** 》 갈등은 문제 해결보다 승리를 중시하는 태도에서 증폭된다.

20 다음 중 아래 행사에서 만나게 될 주요 외국인 바이어에게 줄 수 있는 선물에 관한 매너로 가장 바르게 설명한 것은?

> △△전자 권대표는 3일 뒤 있을 뉴욕 국제 가전 박람회에서 신제품 출시, 차세대 전략 공개 행사 등을 열어 제품을 알리고 현지 바이어들을 만날 예정이다.

① 인도의 바이어에게 소가죽으로 만든 액자에 꽃그림을 넣어 선물하였다.

② 프랑스의 바이어에게 2009년산 샤또 무똥 로칠드 와인을 선물하였다.

③ 브라질의 바이어에게 벽면에 걸어 장식할 수 있는 한국 전통검을 선물하였다.

④ 중국의 바이어에게 붉은 색으로 정성스럽게 포장한 홍삼 제품을 선물하였다.

> **TIP** 》 ① 인도는 소를 신성시하므로 소가죽으로 만든 제품을 선물하는 것은 금기시 된다.
> ② 프랑스에서 와인을 선물하는 것은 소주를 선물하는 것과 같다.
> ③ 브라질에서 칼을 선물하는 것은 관계를 끝낸다는 뜻이다.

21 다음의 사례를 보고 리츠칼튼 호텔의 고객서비스의 특징으로 옳은 것은?

> Robert는 미국 출장길에 샌프란시스코의 리츠칼튼 호텔에서 하루를 묵은 적이 있었다. 그는 서양식의 푹신한 베개가 싫어서 프런트에 전화를 걸어 좀 딱딱한 베개를 가져다 달라고 요청하였다. 호텔 측은 곧이어 딱딱한 베개를 구해왔고 덕분에 잘 잘 수 있었다.
> 다음날 현지 업무를 마치고 다음 목적지인 뉴욕으로 가서 우연히 다시 리츠칼튼 호텔에서 묵게 되었는데 아무 생각 없이 방 안에 들어간 그는 깜짝 놀랐다. 침대 위에 전날 밤 사용하였던 것과 같은 딱딱한 베개가 놓여 있는 게 아닌가.
> 어떻게 뉴욕의 호텔이 그것을 알았는지 그저 놀라울 뿐이었다. 그는 호텔 측의 이 감동적인 서비스를 잊지 않고 출장에서 돌아와 주위 사람들에게 침이 마르도록 칭찬했다.
> 어떻게 이런 일이 가능했을까? 리츠칼튼 호텔은 모든 체인점이 항시 공유할 수 있는 고객 데이터베이스를 구축하고 있었고, 데이터베이스에 저장된 정보를 활용해서 그 호텔을 다시 찾는 고객에게 완벽한 서비스를 제공하고 있었던 것이다.

① 불만 고객에 대한 사후 서비스가 철저하다.

② 신규 고객 유치를 위해 이벤트가 다양하다.

③ 고객이 물어보기 전에 고객이 원하는 것을 실행한다.

④ 고객이 원하는 것이 이루어질 때까지 노력한다.

> **TIP** 》 리츠칼튼 호텔은 고객이 무언가를 물어보기 전에 고객이 원하는 것에 먼저 다가가는 것을 서비스 정신으로 삼고 있다. 기존 고객의 데이터베이스를 공유하여 고객이 원하는 서비스를 미리 제공할 수 있는 것이다.

22 이해당사자들이 대화와 논쟁을 통해서 서로를 설득하여 문제를 해결하는 것을 협상이라고 한다. 다음 중 협상의 예로 볼 수 없는 것은?

① 남편은 외식을 하자고 하나 아내는 생활비의 부족으로 인하여 외식을 거부하였다. 이에 남편은 아내에게 돈을 너무 생각한다고 나무라지만 아내는 집에서 고기를 굽고 맥주를 한 잔 하면서 외식을 하는 분위기를 내자고 제안하였다. 남편은 이에 흔쾌히 승낙하였다.

② K씨는 3월이 다가오자 연봉협상에 큰 기대를 갖고 있다. 그러나 회사 사정이 어려워지면서 사장은 연봉을 올려줄 수 없는 상황이다. 이러한 상황에서 K씨는 자신이 바라는 수준의 임금을 회사의 경제력과 자신의 목표 등을 감안하여 적정선을 맞추어 사장에게 제시하였더니 K씨는 원하는 연봉을 받을 수 있게 되었다.

③ U씨는 아내와 함께 주말에 영화를 보기로 하였다. 그런데 주말에 갑자기 장모님이 올라 오셔서 극장에 갈 수 없는 상황이 되었다. 이에 아내는 영화는 다음에 보고 오늘은 장모님과 시간을 보내자고 하였다. U씨는 영화를 못보는 것이 아쉬워 장모님을 쌀쌀맞게 대했다.

④ W씨는 자녀의 용돈문제로 고민이다. 하나 밖에 없는 딸이지만 자신이 생각하기에 그렇게 많은 용돈은 필요가 없을 듯하다. 그러나 딸아이는 계속적으로 용돈을 올려달라고 시위 중이다. 퇴근 후 지친 몸을 이끌고 집으로 온 W씨에게 딸아이는 어깨도 주물러 주고, 애교도 떨며 W씨의 기분을 좋게 만들었다. 결국 W씨는 딸의 용돈을 올려주었다.

> **TIP 》** 협상이란 것은 갈등상태에 있는 이해당사자들이 대화와 논쟁을 통하여 서로를 설득하여 문제를 해결하는 정보전달과정이자 의사결정과정이다. 위의 ①②④는 우리가 흔히 일상생활에서 겪을 수 있는 협상의 예를 보여주고 있다.

23 제약회사 영업부에 근무하는 U씨는 영업부 최고의 성과를 올리는 영업사원으로 명성이 자자하다. 그러나 그런 그에게도 단점이 있었으니 그것은 바로 서류 작업을 정시에 마친 적이 없다는 것이다. U씨가 회사로 복귀하여 서류 작업을 지체하기 때문에 팀 전체의 생산성에 차질이 빚어지고 있다면 영업부 팀장인 K씨의 행동으로 올바른 것은?

① U씨의 영업실적은 뛰어나므로 다른 직원에게 서류 작업을 지시한다.
② U씨에게 퇴근 후 서류 작업을 위한 능력을 개발하라고 지시한다.
③ U씨에게 서류작업만 할 수 있는 아르바이트 직원을 붙여준다.
④ U씨로 인한 팀의 분위기를 설명하고 해결책을 찾아보라고 격려한다.

> **TIP 》** 팀장인 K씨는 U씨에게 팀의 생산성에 영향을 미치는 내용을 상세히 설명하고 이 문제와 관련하여 해결책을 스스로 강구하도록 격려하여야 한다.

24 고객 특성에 따른 고객응대로 적절하지 않은 것은?

① 과장되게 말을 잘하는 사람은 콤플렉스를 감추고 있는 사람으로 어디까지가 진의인 지 파악하고 말보다 객관적인 자료로 대응하는 것이 적합하다.

② 빈정거리기를 잘하는 사람은 열등감과 허영심이 강한 사람이므로 자존심을 존중해 주면서 대한다.

③ 생각에 생각을 거듭하는 사람은 신중하나 판단력이 부족하므로 먼저 결론을 내는 화 법이 적절하다.

④ 말의 허리를 자르는 사람은 이기적 성격의 소유자로 반론하지 말고 질문식 설득화법 으로 대응한다.

> **TIP》** ④ 말의 허리를 자르는 사람은 남의 말을 잘 듣지 않으며 자신의 말을 많이 하는 특성이 있다. 따라서 이들을 상대할 때에는 일단 상대방의 말을 들어 주면서 충분한 시간을 갖고 논리적으로 상담을 하여 생각을 납득시키도록 한다.

25 다음의 내용은 협상의 단계 중 어디에 해당하는가?

> • 협상 안건이나 대안들을 평가한다.
> • 개발한 대안들을 평가한다.
> • 최선의 대안에 대해서 합의를 하고 선택을 한다.
> • 대안 이행을 위한 실행계획을 수립한다.

① 협상시작   ② 상호이해
③ 해결대안   ④ 합의문서

> **TIP》** 협상의 과정은 '협상시작→상호이해→실질이해→해결대안→합의문서'의 순으로 구분된 다. 협상시작에서는 협상당사자들 사이에 상호 친근감을 쌓고 상대방의 협상의지를 확인한 다. 상호이해단계에서는 갈등문제의 진행상황과 현재의 상황 점검 및 협상을 위한 협상대 상 안건을 결정한다. 실질이해의 단계에서는 주장하는 것과 실제로 원하는 것을 구분하여 실제로 원하는 것을 찾고 이해관계를 분석한다. 해결대안단계에서는 개발한 안건을 평가하 고 최선의 대안을 합의하고 대안 이행을 위한 실행계획을 수립한다. 마지막으로 합의문서 단계에서는 합의문을 작성하고 재점검 후 서명을 하며 종료된다.

CHAPTER

06 정보능력

1 정보화사회와 정보능력

(1) 정보와 정보화사회

① 자료 · 정보 · 지식

구분	특징
자료 (Data)	객관적 실제의 반영이며, 그것을 전달할 수 있도록 기호화한 것
정보 (Information)	자료를 특정한 목적과 문제해결에 도움이 되도록 가공한 것
지식 (Knowledge)	정보를 집적하고 체계화하여 장래의 일반적인 사항에 대비해 보편성을 갖도록 한 것

② 정보화사회 … 필요로 하는 정보가 사회의 중심이 되는 사회

(2) 업무수행과 정보능력

① 컴퓨터의 활용 분야
　　㉠ 기업 경영 분야에서의 활용 : 판매, 회계, 재무, 인사 및 조직관리, 금융 업무 등
　　㉡ 행정 분야에서의 활용 : 민원처리, 각종 행정 통계 등
　　㉢ 산업 분야에서의 활용 : 공장 자동화, 산업용 로봇, 판매시점관리시스템(POS) 등
　　㉣ 기타 분야에서의 활용 : 교육, 연구소, 출판, 가정, 도서관, 예술 분야 등

② 정보처리과정
　　㉠ 정보 활용 절차 : 기획→수집→관리→활용
　　㉡ 5W2H : 정보 활용의 전략적 기획
　　　• WHAT(무엇을?) : 정보의 입수대상을 명확히 한다.
　　　• WHERE(어디에서?) : 정보의 소스(정보원)를 파악한다.
　　　• WHEN(언제까지) : 정보의 요구(수집)시점을 고려한다.
　　　• WHY(왜?) : 정보의 필요목적을 염두에 둔다.

- WHO(누가?) : 정보활동의 주체를 확정한다.
- HOW(어떻게) : 정보의 수집방법을 검토한다.
- HOW MUCH(얼마나?) : 정보수집의 비용성(효용성)을 중시한다.

예제 1

5W2H는 정보를 전략적으로 수집·활용할 때 주로 사용하는 방법이다. 5W2H에 대한 설명으로 옳지 않은 것은?

① WHAT : 정보의 수집방법을 검토한다.
② WHERE : 정보의 소스(정보원)를 파악한다.
③ WHEN : 정보의 요구(수집)시점을 고려한다.
④ HOW : 정보의 수집방법을 검토한다.

[출제의도]
방대한 정보들 중 꼭 필요한 정보와 수집 방법 등을 전략적으로 기획하고 정보수집이 이루어질 때 효과적인 정보 수집이 가능해진다. 5W2H는 이러한 전략적 정보 활용 기획의 방법으로 그 개념을 이해하고 있는지를 묻는 질문이다.

[해설]
5W2H의 'WHAT'은 정보의 입수대상을 명확히 하는 것이다. 정보의 수집방법을 검토하는 것은 HOW(어떻게)에 해당되는 내용이다.

답 ①

---

(3) 사이버공간에서 지켜야 할 예절

① 인터넷의 역기능
   ㉠ 불건전 정보의 유통
   ㉡ 개인 정보 유출
   ㉢ 사이버 성폭력
   ㉣ 사이버 언어폭력
   ㉤ 언어 훼손
   ㉥ 인터넷 중독
   ㉦ 불건전한 교제
   ㉧ 저작권 침해

② 네티켓(netiquette) … 네트워크(network) + 에티켓(etiquette)

(4) 정보의 유출에 따른 피해사례

① 개인정보의 종류
  ⊙ 일반 정보 : 이름, 주민등록번호, 운전면허정보, 주소, 전화번호, 생년월일, 출생지, 본적지, 성별, 국적 등
  ⓒ 가족 정보 : 가족의 이름, 직업, 생년월일, 주민등록번호, 출생지 등
  ⓒ 교육 및 훈련 정보 : 최종학력, 성적, 기술자격증/전문면허증, 이수훈련 프로그램, 서클활동, 상벌사항, 성격/행태보고 등
  ⓔ 병역 정보 : 군번 및 계급, 제대유형, 주특기, 근무부대 등
  ⓜ 부동산 및 동산 정보 : 소유주택 및 토지, 자동차, 저축현황, 현금카드, 주식 및 채권, 수집품, 고가의 예술품 등
  ⓗ 소득 정보 : 연봉, 소득의 원천, 소득세 지불 현황 등
  ⓢ 기타 수익 정보 : 보험가입현황, 수익자, 회사의 판공비 등
  ⓞ 신용 정보 : 대부상황, 저당, 신용카드, 담보설정 여부 등
  ⓩ 고용 정보 : 고용주, 회사주소, 상관의 이름, 직무수행 평가 기록, 훈련기록, 상벌기록 등
  ⓣ 법적 정보 : 전과기록, 구속기록, 이혼기록 등
  ⓚ 의료 정보 : 가족병력기록, 과거 의료기록, 신체장애, 혈액형 등
  ⓣ 조직 정보 : 노조가입, 정당가입, 클럽회원, 종교단체 활동 등
  ⓟ 습관 및 취미 정보 : 흡연/음주량, 여가활동, 도박성향, 비디오 대여기록 등
② 개인정보 유출방지 방법
  ⊙ 회원 가입 시 이용 약관을 읽는다.
  ⓒ 이용 목적에 부합하는 정보를 요구하는지 확인한다.
  ⓒ 비밀번호는 정기적으로 교체한다.
  ⓔ 정체불명의 사이트는 멀리한다.
  ⓜ 가입 해지 시 정보 파기 여부를 확인한다.
  ⓗ 남들이 쉽게 유추할 수 있는 비밀번호는 자제한다.

2 정보능력을 구성하는 하위능력

(1) 컴퓨터활용능력

① 인터넷 서비스 활용

    ㉠ 전자우편(E-mail) 서비스 : 정보 통신망을 이용하여 다른 사용자들과 편지나 여러 정보를 주고받는 통신 방법

    ㉡ 인터넷 디스크/웹 하드 : 웹 서버에 대용량의 저장 기능을 갖추고 사용자가 개인용 컴퓨터의 하드디스크와 같은 기능을 인터넷을 통하여 이용할 수 있게 하는 서비스

    ㉢ 메신저 : 인터넷에서 실시간으로 메시지와 데이터를 주고받을 수 있는 소프트웨어

    ㉣ 전자상거래 : 인터넷을 통해 상품을 사고팔거나 재화나 용역을 거래하는 사이버 비즈니스

② 정보검색 … 여러 곳에 분산되어 있는 수많은 정보 중에서 특정 목적에 적합한 정보만을 신속하고 정확하게 찾아내어 수집, 분류, 축적하는 과정

    ㉠ 검색엔진의 유형

      • 키워드 검색 방식 : 찾고자 하는 정보와 관련된 핵심적인 언어인 키워드를 직접 입력하여 이를 검색 엔진에 보내어 검색 엔진이 키워드와 관련된 정보를 찾는 방식

      • 주제별 검색 방식 : 인터넷상에 존재하는 웹 문서들을 주제별, 계층별로 정리하여 데이터베이스를 구축한 후 이용하는 방식

      • 통합형 검색방식 : 사용자가 입력하는 검색어들이 연계된 다른 검색 엔진에게 보내고 이를 통하여 얻어진 검색 결과를 사용자에게 보여주는 방식

    ㉡ 정보 검색 연산자

기호	연산자	검색조건
*, &	AND	두 단어가 모두 포함된 문서를 검색
|	OR	두 단어가 모두 포함되거나 두 단어 중에서 하나만 포함된 문서를 검색
-, !	NOT	'-' 기호나 '!' 기호 다음에 오는 단어는 포함하지 않는 문서를 검색
~, near	인접검색	앞/뒤의 단어가 가깝게 있는 문서를 검색

③ 소프트웨어의 활용

    ㉠ 워드프로세서

      • 특징 : 문서의 내용을 화면으로 확인하면서 쉽게 수정 가능, 문서 작성 후 인쇄 및 저장 가능, 글이나 그림의 입력 및 편집 가능

      • 기능 : 입력기능, 표시기능, 저장기능, 편집기능, 인쇄기능 등

ⓒ 스프레드시트

- 특징 : 쉽게 계산 수행, 계산 결과를 차트로 표시, 문서를 작성하고 편집 가능
- 기능 : 계산, 수식, 차트, 저장, 편집, 인쇄기능 등

예제 2

귀하는 커피 전문점을 운영하고 있다. 아래와 같이 엑셀 워크시트로 4개 지점의 원두 구매 수량과 단가를 이용하여 금액을 산출하고 있다. 귀하가 다음 중 D3셀에서 사용하고 있는 함수식으로 옳은 것은? (단, 금액 = 수량 × 단가)

	A	B	C	D	E
1	지점	원두	수량(100g)	금액	
2	A	케냐	15	150000	
3	B	콜롬비아	25	175000	
4	C	케냐	30	300000	
5	D	브라질	35	210000	
6					
7		원두	100g당 단가		
8		케냐	10,000		
9		콜롬비아	7,000		
10		브라질	6,000		
11					

① =C3*VLOOKUP(B3, $B$8:$C$10, 1, 1)

② =B3*HLOOKUP(C3, $B$8:$C$10, 2, 0)

③ =C3*VLOOKUP(B3, $B$8:$C$10, 2, 0)

④ =C3*HLOOKUP($B$8:$C$10, 2, B3)

[출제의도]
본 문항은 엑셀 워크시트 함수의 활용도를 확인하는 문제이다.
[해설]
"VLOOKUP(B3,$B$8:$C$10, 2, 0)"의 함수를 해설해보면 B3의 값(콜롬비아)을 B8:C10에서 찾은 후 그 영역의 2번째 열(C열, 100g당 단가)에 있는 값을 나타내는 함수이다. 금액은 "수량 × 단가"으로 나타내므로 D3셀에 사용되는 함수식은 "=C3*VLOOKUP(B3, $B$8:$C$10, 2, 0)"이다.
※ HLOOKUP과 VLOOKUP
　ⓐ HLOOKUP : 배열의 첫 행에서 값을 검색하여, 지정한 행의 같은 열에서 데이터를 추출
　ⓑ VLOOKUP : 배열의 첫 열에서 값을 검색하여, 지정한 열의 같은 행에서 데이터를 추출

답 ③

ⓒ 프레젠테이션

- 특징 : 각종 정보를 사용자 또는 대상자에게 쉽게 전달
- 기능 : 저장, 편집, 인쇄, 슬라이드 쇼 기능 등
ⓓ 유틸리티 프로그램 : 파일 압축 유틸리티, 바이러스 백신 프로그램

④ 데이터베이스의 필요성

ⓐ 데이터의 중복을 줄인다.

ⓑ 데이터의 무결성을 높인다.

ⓒ 검색을 쉽게 해준다.

ⓓ 데이터의 안정성을 높인다.

ⓔ 개발기간을 단축한다.

(2) 정보처리능력

① **정보원** … 1차 자료는 원래의 연구성과가 기록된 자료이며, 2차 자료는 1차 자료를 효과적으로 찾아보기 위한 자료 또는 1차 자료에 포함되어 있는 정보를 압축·정리한 형태로 제공하는 자료이다.
   ㉠ **1차 자료**: 단행본, 학술지와 논문, 학술회의자료, 연구보고서, 학위논문, 특허정보, 표준 및 규격자료, 레터, 출판 전 배포자료, 신문, 잡지, 웹 정보자원 등
   ㉡ **2차 자료**: 사전, 백과사전, 편람, 연감, 서지데이터베이스 등

② **정보분석 및 가공**
   ㉠ **정보분석의 절차**: 분석과제의 발생 → 과제(요구)의 분석 → 조사항목의 선정 → 관련정보의 수집(기존자료 조사/신규자료 조사) → 수집정보의 분류 → 항목별 분석 → 종합·결론 → 활용·정리
   ㉡ **가공**: 서열화 및 구조화

③ **정보관리**
   ㉠ 목록을 이용한 정보관리
   ㉡ 색인을 이용한 정보관리
   ㉢ 분류를 이용한 정보관리

■ 예제 3

인사팀에서 근무하는 J씨는 회사가 성장함에 따라 직원 수가 급증하기 시작하면서 직원들의 정보관리 방법을 모색하던 중 다음과 같은 A사의 직원 정보관리 방법을 보게 되었다. J씨는 A사가 하고 있는 이 방법을 회사에도 도입하고자 한다. 이 방법은 무엇인가?

> A사의 인사부서에 근무하는 H씨는 직원들의 개인정보를 관리하는 업무를 담당하고 있다. A사에서 근무하는 직원은 수천 명에 달하기 때문에 H씨는 주요 키워드나 주제어를 가지고 직원들의 정보를 구분하여 관리하여, 찾을 때도 쉽고 내용을 수정할 때도 이전보다 훨씬 간편할 수 있도록 했다.

① 목록을 활용한 정보관리
② 색인을 활용한 정보관리
③ 분류를 활용한 정보관리
④ 1:1 매칭을 활용한 정보관리

[출제의도]
본 문항은 정보관리 방법의 개념을 이해하고 있는가를 묻는 문제이다.
[해설]
주어진 자료의 A사에서 사용하는 정보관리는 주요 키워드나 주제어를 가지고 정보를 관리하는 방식인 색인을 활용한 정보관리이다. 디지털 파일에 색인을 저장할 경우 추가, 삭제, 변경 등이 쉽다는 점에서 정보관리에 효율적이다.

답 ②

출제예상문제

1 다음 워크시트에서 [A2] 셀 값을 소수점 첫째자리에서 반올림하여 [B2] 셀에 나타내도록 하고자 한다. [B2] 셀에 알맞은 함수식은?

	A	B
1	숫자	반올림한 값
2	987.9	
3	247.6	
4	864.4	
5	69.3	
6	149.5	
7	75.9	

① ROUND(A2, −1)　　　　　　　② ROUND(A2, 0)
③ ROUNDDOWN(A2, 0)　　　　　④ ROUNDUP(A2, −1)

> **TIP** 》 ROUND(number, num_digits)는 반올림하는 함수이며, ROUNDUP은 올림, ROUNDDOWN 은 내림하는 함수이다. ROUND(number, num_digits)에서 number는 반올림하려는 숫자를 나타내며, num_digits는 반올림할 때 자릿수를 지정한다. 이 값이 0이면 소수점 첫째자리 에서 반올림하고 −1이면 일의자리 수에서 반올림한다. 따라서 주어진 문제는 소수점 첫째 자리에서 반올림하는 것이므로 ②가 답이 된다.

2 A회사에 다니는 B씨는 워크시트 내의 데이터 목록 중에서 특정한 조건에 맞는 레코드들만 표시하고 나머지는 숨기려고 한다. 이때 사용하는 기능은?

① 필터　　　　　　　　　　　② 찾기
③ 조건부 서식　　　　　　　　④ 정렬

> **TIP** 》 특정한 데이터만을 골라내는 기능을 필터라고 하며 이 작업을 필터링이라 부른다.
> ② 원하는 단어를 찾는 기능이다.
> ③ 원하는 기준에 따라 서식을 변경하는 기능으로 특정 셀을 강조할 수 있다.
> ④ 무작위로 섞여있는 열을 기준에 맞춰 정렬하는 기능으로 오름차순 정렬, 내림차순 정렬 등이 있다.

3 왼쪽 워크시트의 성명 데이터를 오른쪽 워크시트처럼 성과 이름의 열로 분리하기 위해 어떤 기능을 사용하면 되는가?

	A	B
1	유하나	
2	김상철	
3	지상진	
4	공나리	
5	진백림	
6	박한선	
7	윤진상	
8		

	A	B
1	유	하나
2	김	상철
3	지	상진
4	공	나리
5	진	백림
6	박	한선
7	윤	진상
8		

① 텍스트 나누기　　　　　　　② 조건부 서식
③ 그룹 해제　　　　　　　　　④ 필터

> **TIP》** 오른쪽 워크시트는 왼쪽 워크시트를 텍스트 나누기 기능을 통해 열구분선을 기준으로 하여 텍스트를 나눈 결과이다.

4 윈도우에서 현재 활성화된 창과 동일한 창을 새로 띄우려고 한다. 어떤 단축키를 사용해야 하는가?

① Ctrl+N　　　　　　　　　② Alt+N
③ Shift+N　　　　　　　　　④ Tab+N

> **TIP》** Ctrl+N 단축키는 현재 열려있는 프로그램과 같은 프로그램을 새롭게 실행시킨다. 현재 사용하는 인터넷 브라우저 혹은 폴더를 하나 더 열 때 사용한다.

5 한글에서 사용할 수 있는 단축키에 대한 기능이 옳지 않은 것은?

① Ctrl+N,T – 표 만들기
② Ctrl+Z – 되돌리기
③ Ctrl+P – 쪽 나눔
④ Ctrl+N,M – 수식 입력하기

> **TIP》** Ctrl+P는 인쇄하기 기능이다. 쪽 나눔의 단축키는 Ctrl+Enter이다.

ANSWER 〉 1.② 2.① 3.① 4.① 5.③

| 6~8 | 다음은 A전자의 한 영업점에 오늘 입고된 30개의 전자제품의 코드 목록이다. 모든 제품은 A전자에서 생산된 제품이다. 다음의 코드 부여 방식을 참고하여 물음에 답하시오.

RE – 10 – CNB – 2A – 1501	TE – 34 – CNA – 2A – 1501	WA – 71 – CNA – 3A – 1501
RE – 10 – CNB – 2A – 1409	TE – 36 – KRB – 2B – 1512	WA – 71 – CNA – 3A – 1506
RE – 11 – CNB – 2C – 1503	TE – 36 – KRB – 2B – 1405	WA – 71 – CNA – 3A – 1503
RE – 16 – CNA – 1A – 1402	TE – 36 – KRB – 2B – 1502	CO – 81 – KRB – 1A – 1509
RE – 16 – CNA – 1A – 1406	TE – 36 – KRB – 2C – 1503	CO – 81 – KRB – 1A – 1412
RE – 16 – CNA – 1C – 1508	AI – 52 – CNA – 3C – 1509	CO – 83 – KRA – 1A – 1410
TE – 32 – CNB – 3B – 1506	AI – 52 – CNA – 3C – 1508	CO – 83 – KRA – 1B – 1407
TE – 32 – CNB – 3B – 1505	AI – 58 – CNB – 1A – 1412	CO – 83 – KRC – 1C – 1509
TE – 32 – CNB – 3C – 1412	AI – 58 – CNB – 1C – 1410	CO – 83 – KRC – 1C – 1510
TE – 34 – CNA – 2A – 1408	AI – 58 – CNB – 1C – 1412	CO – 83 – KRC – 1C – 1412

〈코드부여방식〉

[제품 종류] – [모델 번호] – [생산 국가/도시] – [공장과 라인] – [제조연월]

〈예시〉

WA – 16 – CNA – 2B – 1501

2015년 1월에 중국 후이저우 2공장 B라인에서 생산된 세탁기 16번 모델

제품 종류 코드	제품 종류	생산 국가/도시 코드	생산 국가/도시
RE	냉장고	KRA	한국/창원
TE	TV	KRB	한국/청주
AI	에어컨	KRC	한국/구미
WA	세탁기	CNA	중국/후이저우
CO	노트북	CNB	중국/옌타이

6 오늘 입고된 제품의 목록에 대한 설명으로 옳은 것은?

① 제품 종류와 모델 번호가 같은 제품은 모두 같은 도시에서 생산되었다.

② 15년에 생산된 제품보다 14년에 생산된 제품이 더 많다.

③ TV는 모두 중국에서 생산된다.

④ 노트북은 2개의 모델만 입고되었다.

> **TIP 》** ① 노트북 83번 모델은 한국 창원공장과 구미공장 두 곳에서 생산되었다.
> ② 15년에 생산된 제품이 17개로 14년에 생산된 제품보다 4개 더 많다.
> ③ TV 36번 모델은 한국 청주공장에서 생산되었다.

7 중국 옌타이 제1공장의 C라인에서 생산된 제품들이 모두 부품결함으로 인한 불량품이었다. 영업점에서 반품해야 하는 제품은 총 몇 개인가?

① 1개   ② 2개

③ 3개   ④ 4개

> **TIP 》** 중국 옌타이 제1공장의 C라인은 제품 코드의 "CNB – 1C"으로 알 수 있다. 에어컨 58번 모델 두 개를 반품해야 한다.

8 2015년 11월 6일 한국 청주 제2공장 B라인에서 생산된 에어컨 59번 제품의 코드로 옳은 것은?

① AI – 59 – KRB – 2B – 1511

② AI – 59 – KRA – 2B – 1106

③ AI – 59 – KRB – 2B – 1506

④ AI – 59 – KRA – 2B – 1511

> **TIP 》** [제품 종류] – [모델 번호] – [생산 국가/도시] – [공장과 라인] – [제조연월]
> AI(에어컨) – 59 – KRB(한국/청주) – 2B – 1511

ANSWER 〉 6.④ 7.② 8.①

❚9~13❚ 다음은 시스템 모니터링 중에 나타난 화면이다. 다음 화면에 나타나는 정보를 이해하고 시스템 상태를 파악하여 적절한 input code를 고르시오.

〈시스템 화면〉

System is checking........
File system type A.
Correcting value type X.

Error value 018.
Error value 001.
Error value 007.
Error value 093.
Error value 078.

Correcting value 074.

Input code : _____

항목	세부사항
File system type	• type이 A인 경우 : error value 값들 중에서 가장 작은 값을 대푯값으로 선정 • type이 B인 경우 : 모든 error value 값을 곱하여 산출한 값을 대푯값으로 선정 ※ 대푯값은 File system에 따라 error value를 이용하여 산출하는 세 자리의 수치를 말한다.
Correcting value type	• type이 X인 경우 : 시스템 화면 아래에 있는 Correcting value의 $\frac{1}{2}$에 해당하는 값을 correcting value로 사용(소수점이 나오는 경우 소수점을 버린다.) • type이 Y인 경우 : 시스템 화면 아래에 있는 Correcting value의 세 배에 해당하는 값을 correcting value로 사용
Correcting value	대푯값과 대조를 통하여 시스템 상태를 판단

판단 기준	시스템 상태	input code
대푯값과 Correting value가 같은 경우	안전	safe
Correcting value가 대푯값보다 큰 경우	경계	• 두 배 이상 차이나지 않는 경우 : alert • 두 배 이상 차이나는 경우 : vigilant
대푯값이 Correnting value보다 큰 경우	위험	danger

9

〈시스템 화면〉

System is checking........
File system type A.
Correcting value type Y.

Error value 123.
Error value 049.
Error value 037.
Error value 061.
Error value 538.

Correcting value 072.

Input code : _____

① safe

② alert

③ vigilant

④ danger

File system type A에 의해서 대푯값은 37로 선정되며, Correcting value type Y에 의해서 Correcting value는 72×3=216을 사용한다. Correcting value값이 대푯값보다 크므로 시스템 상태는 경계 수준이며, 2배 이상 차이가 나므로 input code는 vigilant이다.

ANSWER 〉 9.③

10

> 〈시스템 화면〉
>
> System is checking........
> File system type A.
> Correcting value type X.
>
>
> Error value 369.
> Error value 291.
> Error value 367.
> Error value 456.
> Error value 128.
>
>
> Correcting value 256.
>
>
> Input code : _____

① safe

② alert

③ vigilant

④ danger

TIP 》 File system type A에 의해서 대푯값은 128로 선정되며, Correcting value type X에 의해서 Correcting value는 256÷2=128을 사용한다. 대푯값과 Correcting value가 같으므로 시스템 상태는 안전 수준이며, input code는 safe이다.

11

```
                        〈시스템 화면〉
System is checking........
File system type B.
Correcting value type X.


Error value 003.
Error value 008.
Error value 005.
Error value 002.
Error value 004.


Correcting value 999.


Input code : _____
```

① safe

② alert

③ vigilant

④ danger

> **TIP》** File system type B에 의해서 대푯값은 $3 \times 8 \times 5 \times 2 \times 4 = 960$으로 선정되며, Correcting value type X에 의해서 Correcting value는 $999 \div 2 = 499.5 ≒ 499$를 사용한다. 대푯값이 Correcting value보다 크므로 시스템 상태는 위험 수준이며 input code는 danger이다.

12

〈시스템 화면〉

System is checking........
File system type A.
Correcting value type Y.

Error value 990.
Error value 486.
Error value 562.
Error value 938.
Error value 386.

Correcting value 269.

Input code : _____

① safe

② alert

③ vigilant

④ danger

> **TIP 》** File system type A에 의해서 대푯값은 386로 선정되며, Correcting value type Y에 의해서 Correcting value는 269×3=807을 사용한다. Correcting value가 대푯값보다 크므로 시스템 상태는 경계 수준이며, 2배 이상 차이가 나므로 input code는 vigilant이다.

13

〈시스템 화면〉

System is checking........
File system type B.
Correcting value type Y.

Error value 023.
Error value 006.
Error value 004.

Correcting value 201.

Input code : _____

① safe

② alert

③ vigilant

④ danger

TIP 》 File system type B에 의해서 대푯값은 $23 \times 6 \times 4 = 552$로 선정되며, Correcting value type Y에 의해서 Correcting value는 $201 \times 3 = 603$을 사용한다. Correcting value가 대푯값보다 크므로 시스템 상태는 경계 수준이며, 2배 이상 차이가 나지 않으므로 input code 는 alert이다.

14 다음 워크시트에서 수식 '=INDEX(B2:D8,4,3)'의 결과 값은?

	A	B	C	D
1	제품	정가	판매대수	판매가격
2	A	38,000	475	18,050,000
3	B	27,000	738	19,926,000
4	C	33,000	996	32,868,000
5	D	91,000	908	82,628,000
6	E	28,000	956	26,768,000
7	F	50,000	832	41,600,000
8	G	35,000	947	33,145,000

① 18,050,000　　　　　　　　② 996

③ 908　　　　　　　　　　　④ 82,628,000

> **TIP »** INDEX(array, row_num, column_num) 함수는 조건에 맞는 값을 찾아주는 함수이다. array 는 검색영역을 나타내며 row_num은 검색 영역 안에서의 행을 나타내고, column_num은 검 색영역 안에서의 열을 나타낸다. 따라서 제시된 문제는 제품 D의 판매가격을 찾으라는 문제 이다.

15 다음 중 아래 시트에서 야근일수를 구하기 위해 [B9] 셀에 입력할 함수로 옳은 것은?

	A	B	C	D	E
1	4월 야근 현황				
2	날짜	도준영	전아롱	이진주	강석현
3	4월15일		V		V
4	4월16일	V		V	
5	4월17일	V	V	V	
6	4월18일		V	V	V
7	4월19일	V		V	
8	4월20일	V			
9	야근일수				

① =COUNTBLANK(B3:B8)　　　② =COUNT(B3:B8)

③ =COUNTA(B3:B8)　　　　　④ =SUM(B3:B8)

> **TIP »** COUNTBLANK 함수는 비어있는 셀의 개수를 세어준다. COUNT 함수는 숫자가 입력된 셀 의 개수를 세어주는 반면 COUNTA 함수는 숫자는 물론 문자가 입력된 셀의 개수를 세어준 다. 즉, 비어있지 않은 셀의 개수를 세어주기 때문에 이 문제에서는 COUNTA 함수를 사용 해야 한다.

16 엑셀에서 바로 가기 키에 대한 설명이 다음과 같을 때 괄호 안에 들어갈 내용으로 알맞은 것은?

> 통합 문서 내에서 (㉠) 키는 다음 워크시트로 이동하고 (㉡) 키는 이전 워크시트로 이동한다.

	㉠	㉡
①	〈Ctrl〉+〈Page Down〉	〈Ctrl〉+〈Page Up〉
②	〈Shift〉+〈Page Down〉	〈Shift〉+〈Page Up〉
③	〈Tab〉+←	〈Tab〉+→
④	〈Alt〉+〈Shift〉+↑	〈Alt〉+〈Shift〉+↓

TIP 》 엑셀 통합 문서 내에서 다음 워크시트로 이동하려면 〈Ctrl〉+〈Page Down〉을 눌러야 하며, 이전 워크시트로 이동하려면 〈Ctrl〉+〈Page Up〉을 눌러야 한다.

17 다음 시트처럼 한 셀에 두 줄 이상 입력하려는 경우 줄을 바꿀 때 사용하는 키는?

① 〈F1〉+〈Enter〉
② 〈Alt〉+〈Enter〉
③ 〈Alt〉+〈Shift〉+〈Enter〉
④ 〈Shift〉+〈Enter〉

TIP 》 한 셀에 두 줄 이상 입력하려고 하는 경우 줄을 바꿀 때는 〈Alt〉+〈Enter〉를 눌러야 한다.

ANSWER 〉 14.④ 15.③ 16.① 17.②

18 다음 순서도에서 인쇄되는 S의 값은? (단, $[x]$는 x보다 크지 않은 최대의 정수이다)

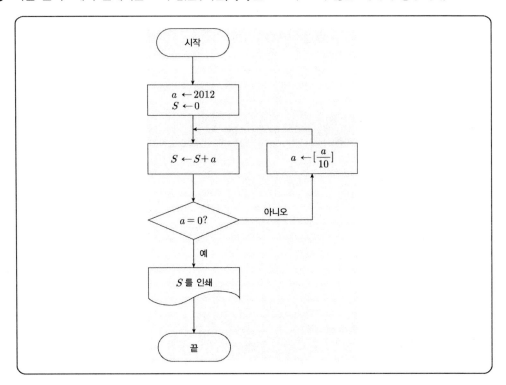

① 2230
② 2235
③ 2240
④ 2245

TIP 》 a, S의 값의 변화과정을 표로 나타내면

a	S
2012	0
2012	$0+2012$
201	$0+2012+201$
20	$0+2012+201+20$
2	$0+2012+201+20+2$
0	$0+2012+201+20+2+0$

따라서 인쇄되는 S의 값은 $0+2012+201+20+2+0=2235$이다.

19 직장인 A씨는 워크시트를 작업하던 중 데이터가 많아져 스크롤을 내리면 중요항목들의 행과 열이 보이지 않게 되었다. A씨는 스크롤할 때 행과 열의 위쪽이나 왼쪽 부분이 항상 표시되도록 하고 싶다. 어떤 기능을 사용해야 하는가?

① 틀 고정   ② 창 정렬
③ 그룹 해제   ④ 피벗 테이블

> **TIP** 》 행과 열의 위쪽이나 왼쪽 부분이 항상 표시되도록 하는 기능은 틀 고정이다.

20 T회사에 근무 중인 Y씨는 그림판으로 작업을 하려고 한다. 한글 Windows의 [보조 프로그램]에 있는 [그림판] 프로그램에서 작업할 수 있는 파일 형식이 아닌 것은?

① *.BMP   ② *.GIF
③ *.JPG   ④ *.TXT

> **TIP** 》 ④ TXT 파일은 텍스트 파일로 메모장에서 작업 가능하다.

21 다음 워크시트에서 수식 '=LARGE(B2:B7,2)'의 결과 값은?

	A	B
1	회사	매출액
2	A	200
3	B	600
4	C	100
5	D	1,000
6	E	300
7	F	800

① 200   ② 300
③ 600   ④ 800

> **TIP** 》 '=LARGE(B2:B7,2)'는 범위 안에 있는 값들 중에서 2번째로 큰 값을 찾으라는 수식이므로 800이 답이다.

ANSWER 〉 18.② 19.① 20.④ 21.④

22 터미널노드는 자식이 없는 노드를 말한다. 다음 트리에서 터미널 노드 수는?

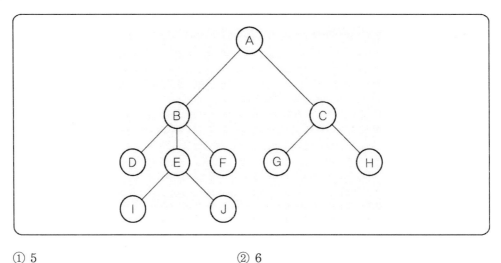

① 5   ② 6

③ 7   ④ 8

> **TIP 》** 터미널노드(Terminal Node)는 자식이 없는 노드로서 이 트리에서는 D, I, J, F, G, H 6개이다.

23 Z회사에 근무하고 있는 P씨는 클립보드를 이용하여 작업을 하고자 한다. 이에 대한 설명으로 옳지 않은 것은?

① 클립보드는 하나의 프로그램에서 다른 프로그램으로 데이터를 복사하거나 붙여넣기 할 때 임시 저장공간으로 사용된다.

② 복사하기를 한 것은 여러 번 붙여넣기가 가능하지만 잘라내기 한 것은 한 번만 붙여넣기가 가능하다.

③ 복사하기를 하여 다른 곳에 붙이는 경우 원래의 문서에는 아무런 변화가 생기지 않는다.

④ 다른 프로그램에서 복사한 텍스트나 그림 항목을 복사하여 특정 워드프로세서 문서에 붙여 넣을 수 있다.

> **TIP 》** ② 잘라내기 한 것도 여러 번 붙여넣기가 가능하다.

24 데이터베이스 설계 순서로 바르게 나열한 것은?

> ㉠ 개념적 설계   ㉡ 물리적 설계
> ㉢ 논리적 설계   ㉣ 요구 분석
> ㉤ 데이터베이스 구현

① ㉣㉠㉢㉡㉤   ② ㉣㉢㉠㉡㉤
③ ㉣㉠㉡㉢㉤   ④ ㉠㉢㉡㉣㉤

> **TIP》** 데이터베이스 설계 순서 ⋯ 요구 분석 → 개념적 설계 → 논리적 설계 → 물리적 설계 → 데이터
> 베이스 구현

25 다음 시트의 [D10]셀에서 =DCOUNT(A1:D6,3,A8:B10)을 입력했을 때 결과 값으로 옳은 것
은?

	A	B	C	D
1	**차종**	**연식**	**주행거리**	**색상**
2	SUV	2015	50,000	검은색
3	세단	2013	100,000	흰색
4	SUV	2018	12,000	파란색
5	세단	2017	25,000	검은색
6	SUV	2009	150,000	흰색
7				
8	**차종**	**연식**		
9	세단			
10		>2014		

① 1   ② 2
③ 3   ④ 4

> **TIP》** DCOUNT는 조건을 만족하는 개수를 구하는 함수로, [A1:D6]영역에서 '차종'이 '세단'이거나
> '연식'이 2014보다 큰 레코드의 수는 4가 된다. 조건 영역은 [A8:B10]이 되며, 조건이 서로
> 다른 행에 입력되어 있으므로 OR 조건이 된다.

PART

Ⅲ

면접

CHAPTER

01 면접의 기본

1 면접준비

(1) 면접의 기본 원칙

① **면접의 의미** ⋯ 면접이란 다양한 면접기법을 활용하여 지원한 직무에 필요한 능력을 지원자가 보유하고 있는지를 확인하는 절차라고 할 수 있다. 즉, 지원자의 입장에서는 채용 직무수행에 필요한 요건들과 관련하여 자신의 환경, 경험, 관심사, 성취 등에 대해 기업에 직접 어필할 수 있는 기회를 제공받는 것이며, 기업의 입장에서는 서류전형만으로 알 수 없는 지원자에 대한 정보를 직접적으로 수집하고 평가하는 것이다.

② **면접의 특징** ⋯ 면접은 기업의 입장에서 서류전형이나 필기전형에서 드러나지 않는 지원자의 능력이나 성향을 볼 수 있는 기회로, 면대면으로 이루어지며 즉흥적인 질문들이 포함될 수 있기 때문에 지원자가 완벽하게 준비하기 어려운 부분이 있다. 하지만 지원자 입장에서도 서류전형이나 필기전형에서 모두 보여주지 못한 자신의 능력 등을 기업의 인사담당자에게 어필할 수 있는 추가적인 기회가 될 수도 있다.

[서류·필기전형과 차별화되는 면접의 특징]

- 직무수행과 관련된 다양한 지원자 행동에 대한 관찰이 가능하다.
- 면접관이 알고자 하는 정보를 심층적으로 파악할 수 있다.
- 서류상의 미비한 사항과 의심스러운 부분을 확인할 수 있다.
- 커뮤니케이션 능력, 대인관계 능력 등 행동·언어적 정보도 얻을 수 있다.

③ 면접의 유형

   ⊙ **구조화 면접**: 구조화 면접은 사전에 계획을 세워 질문의 내용과 방법, 지원자의 답변 유형에 따른 추가 질문과 그에 대한 평가 역량이 정해져 있는 면접 방식으로 표준화 면접이라고도 한다.

     - 표준화된 질문이나 평가요소가 면접 전 확정되며, 지원자는 편성된 조나 면접관에 영향을 받지 않고 동일한 질문과 시간을 부여받을 수 있다.

- 조직 또는 직무별로 주요하게 도출된 역량을 기반으로 평가요소가 구성되어, 조직 또는 직무에서 필요한 역량을 가진 지원자를 선발할 수 있다.
- 표준화된 형식을 사용하는 특성 때문에 비구조화 면접에 비해 신뢰성과 타당성, 객관성이 높다.
  - ⓛ 비구조화 면접 : 비구조화 면접은 면접 계획을 세울 때 면접 목적만을 명시하고 내용이나 방법은 면접관에게 전적으로 일임하는 방식으로 비표준화 면접이라고도 한다.
- 표준화된 질문이나 평가요소 없이 면접이 진행되며, 편성된 조나 면접관에 따라 지원자에게 주어지는 질문이나 시간이 다르다.
- 면접관의 주관적인 판단에 따라 평가가 이루어져 평가 오류가 빈번히 일어난다.
- 상황 대처나 언변이 뛰어난 지원자에게 유리한 면접이 될 수 있다.

④ 경쟁력 있는 면접 요령
  - ㉠ 면접 전에 준비하고 유념할 사항
- 예상 질문과 답변을 미리 작성한다.
- 작성한 내용을 문장으로 외우지 않고 키워드로 기억한다.
- 지원한 회사의 최근 기사를 검색하여 기억한다.
- 지원한 회사가 속한 산업군의 최근 기사를 검색하여 기억한다.
- 면접 전 1주일간 이슈가 되는 뉴스를 기억하고 자신의 생각을 반영하여 정리한다.
- 찬반토론에 대비한 주제를 목록으로 정리하여 자신의 논리를 내세운 예상답변을 작성한다.
  - ㉡ 면접장에서 유념할 사항
- 질문의 의도 파악 : 답변을 할 때에는 질문 의도를 파악하고 그에 충실한 답변이 될 수 있도록 질문사항을 유념해야 한다. 많은 지원자가 하는 실수 중 하나로 답변을 하는 도중 자기 말에 심취되어 질문의 의도와 다른 답변을 하거나 자신이 알고 있는 지식만을 나열하는 경우가 있는데, 이럴 경우 의사소통능력이 부족한 사람으로 인식될 수 있으므로 주의하도록 한다.
- 답변은 두괄식 : 답변을 할 때에는 두괄식으로 결론을 먼저 말하고 그 이유를 설명하는 것이 좋다. 미괄식으로 답변을 할 경우 용두사미의 답변이 될 가능성이 높으며, 결론을 이끌어 내는 과정에서 논리성이 결여될 우려가 있다. 또한 면접관이 결론을 듣기 전에 말을 끊고 다른 질문을 추가하는 예상치 못한 상황이 발생될 수 있으므로 답변은 자신이 전달하고자 하는 바를 먼저 밝히고 그에 대한 설명을 하는 것이 좋다.

- 지원한 회사의 기업정신과 인재상을 기억 : 답변을 할 때에는 회사가 원하는 인재라는 인상을 심어주기 위해 지원한 회사의 기업정신과 인재상 등을 염두에 두고 답변을 하는 것이 좋다. 모든 회사에 해당되는 두루뭉술한 답변보다는 지원한 회사에 맞는 맞춤형 답변을 하는 것이 좋다.
- 나보다는 회사와 사회적 관점에서 답변 : 답변을 할 때에는 자기중심적인 관점을 피하고 좀 더 넓은 시각으로 회사와 국가, 사회적 입장까지 고려하는 인재임을 어필하는 것이 좋다. 자기중심적 시각을 바탕으로 자신의 출세만을 위해 회사에 입사하려는 인상을 심어줄 경우 면접에서 불이익을 받을 가능성이 높다.
- 난처한 질문은 정직한 답변 : 난처한 질문에 답변을 해야 할 때에는 피하기보다는 정면 돌파로 정직하고 솔직하게 답변하는 것이 좋다. 난처한 부분을 감추고 드러내지 않으려 회피하려는 지원자의 모습은 인사담당자에게 입사 후에도 비슷한 상황에 처했을 때 회피할 수도 있다는 우려를 심어줄 수 있다. 따라서 직장생활에 있어 중요한 덕목 중 하나인 정직을 바탕으로 솔직하게 답변을 하도록 한다.

(2) 면접의 종류 및 준비 전략

① 인성면접

㉠ 면접 방식 및 판단기준
- 면접 방식 : 인성면접은 면접관이 가지고 있는 개인적 면접 노하우나 관심사에 의해 질문을 실시한다. 주로 입사지원서나 자기소개서의 내용을 토대로 지원동기, 과거의 경험, 미래 포부 등을 이야기하도록 하는 방식이다.
- 판단기준 : 면접관의 개인적 가치관과 경험, 해당 역량의 수준, 경험의 구체성·진실성 등

㉡ 특징 : 인성면접은 그 방식으로 인해 역량과 무관한 질문들이 많고 지원자에게 주어지는 면접질문, 시간 등이 다를 수 있다. 또한 입사지원서나 자기소개서의 내용을 토대로 하기 때문에 지원자별 질문이 달라질 수 있다.

ⓒ 예시 문항 및 준비전략

• 예시 문항

> • 3분 동안 자기소개를 해 보십시오.
> • 자신의 장점과 단점을 말해 보십시오.
> • 학점이 좋지 않은데 그 이유가 무엇입니까?
> • 최근에 인상 깊게 읽은 책은 무엇입니까?
> • 회사를 선택할 때 중요시하는 것은 무엇입니까?
> • 일과 개인생활 중 어느 쪽을 중시합니까?
> • 10년 후 자신은 어떤 모습일 것이라고 생각합니까?
> • 휴학 기간 동안에는 무엇을 했습니까?

• 준비전략 : 인성면접은 입사지원서나 자기소개서의 내용을 바탕으로 하는 경우가 많으므로 자신이 작성한 입사지원서와 자기소개서의 내용을 충분히 숙지하도록 한다. 또한 최근 사회적으로 이슈가 되고 있는 뉴스에 대한 견해를 묻거나 시사상식 등에 대한 질문을 받을 수 있으므로 이에 대한 대비도 필요하다. 자칫 부담스러워 보이지 않는 질문으로 가볍게 대답하지 않도록 주의하고 모든 질문에 입사 의지를 담아 성실하게 답변하는 것이 중요하다.

② 발표면접

㉠ 면접 방식 및 판단기준

• 면접 방식 : 지원자가 특정 주제와 관련된 자료를 검토하고 그에 대한 자신의 생각을 면접관 앞에서 주어진 시간 동안 발표하고 추가 질의를 받는 방식으로 진행된다.

• 판단기준 : 지원자의 사고력, 논리력, 문제해결력 등

㉡ 특징 : 발표면접은 지원자에게 과제를 부여한 후, 과제를 수행하는 과정과 결과를 관찰·평가한다. 따라서 과제수행 결과뿐 아니라 수행과정에서의 행동을 모두 평가할 수 있다.

ⓒ 예시 문항 및 준비전략

• 예시 문항

[신입사원 조기 이직 문제]

※ 지원자는 아래에 제시된 자료를 검토한 뒤, 신입사원 조기 이직의 원인을 크게 3가지로 정
리하고 이에 대한 구체적인 개선안을 도출하여 발표해 주시기 바랍니다.

※ 본 과제에 정해진 정답은 없으나 논리적 근거를 들어 개선안을 작성해 주십시오.

- A기업은 동종업계 유사기업들과 비교해 볼 때, 비교적 높은 재무안정성을 유지하고 있으
며 업무강도가 그리 높지 않은 것으로 외부에 알려져 있음.

- 최근 조사결과, 동종업계 유사기업들과 연봉을 비교해 보았을 때 연봉 수준도 그리 나쁘
지 않은 편이라는 것이 확인되었음.

- 그러나 지난 3년간 1~2년차 직원들의 이직률이 계속해서 증가하고 있는 추세이며, 경영
진 회의에서 최우선 해결과제 중 하나로 거론되었음.

- 이에 따라 인사팀에서 현재 1~2년차 사원들을 대상으로 개선되어야 하는 A기업의 조직문
화에 대한 설문조사를 실시한 결과, '상명하복식의 의사소통'이 36.7%로 1위를 차지했음.

- 이러한 설문조사와 함께, 신입사원 조기 이직에 대한 원인을 분석한 결과 파랑새 증후군,
셀프홀릭 증후군, 피터팬 증후군 등 3가지로 분류할 수 있었음.

〈동종업계 유사기업들과의 연봉 비교〉   〈우리 회사 조직문화 중 개선되었으면 하는 것〉

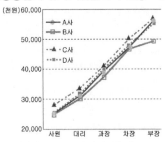 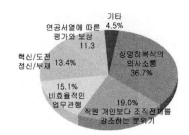

〈신입사원 조기 이직의 원인〉

• 파랑새 증후군

-현재의 직장보다 더 좋은 직장이 있을 것이라는 막연한 기대감으로 끊임없이 새로운 직
장을 탐색함.

-학력 수준과 맞지 않는 '하향지원', 전공과 적성을 고려하지 않고 일단 취업하고 보자는 '
묻지마 지원'이 파랑새 증후군을 초래함.

• 셀프홀릭 증후군

-본인의 역량에 비해 가치가 낮은 일을 주로 하면서 갈등을 느낌.

• 피터팬 증후군

-기성세대의 문화를 무조건 수용하기보다는 자유로움과 변화를 추구함.

-상명하복, 엄격한 규율 등 기성세대가 당연시하는 관행에 거부감을 가지며 직장에 답답함
을 느낌.

- 준비전략 : 발표면접의 시작은 과제 안내문과 과제 상황, 과제 자료 등을 정확하게 이해하는 것에서 출발한다. 과제 안내문을 침착하게 읽고 제시된 주제 및 문제와 관련된 상황의 맥락을 파악한 후 과제를 검토한다. 제시된 기사나 그래프 등을 충분히 활용하여 주어진 문제를 해결할 수 있는 해결책이나 대안을 제시하며, 발표를 할 때에는 명확하고 자신 있는 태도로 전달할 수 있도록 한다.

③ 토론면접

   ㉠ 면접 방식 및 판단기준
   - 면접 방식 : 상호갈등적 요소를 가진 과제 또는 공통의 과제를 해결하는 내용의 토론 과제를 제시하고, 그 과정에서 개인 간의 상호작용 행동을 관찰하는 방식으로 면접이 진행된다.
   - 판단기준 : 팀워크, 적극성, 갈등 조정, 의사소통능력, 문제해결능력 등
   ㉡ 특징 : 토론을 통해 도출해 낸 최종안의 타당성도 중요하지만, 결론을 도출해 내는 과정에서의 의사소통능력이나 갈등상황에서 의견을 조정하는 능력 등이 중요하게 평가되는 특징이 있다.
   ㉢ 예시 문항 및 준비전략
   - 예시 문항

   > - 군 가산점제 부활에 대한 찬반토론
   > - 담뱃값 인상에 대한 찬반토론
   > - 비정규직 철폐에 대한 찬반토론
   > - 대학의 영어 강의 확대 찬반토론
   > - 워크숍 장소 선정을 위한 토론

   - 준비전략 : 토론면접은 무엇보다 팀워크와 적극성이 강조된다. 따라서 토론과정에 적극적으로 참여하며 자신의 의사를 분명하게 전달하며, 갈등상황에서 자신의 의견만 내세울 것이 아니라 다른 지원자의 의견을 경청하고 배려하는 모습도 중요하다. 갈등상황을 일목요연하게 정리하여 조정하는 등의 의사소통능력을 발휘하는 것도 좋은 전략이 될 수 있다.

④ 상황면접

   ㉠ 면접 방식 및 판단기준
   - 면접 방식 : 상황면접은 직무 수행 시 접할 수 있는 상황들을 제시하고, 그러한 상황에서 어떻게 행동할 것인지를 이야기하는 방식으로 진행된다.
   - 판단기준 : 해당 상황에 적절한 역량의 구현과 구체적 행동지표

ⓛ 특징 : 실제 직무 수행 시 접할 수 있는 상황들을 제시하므로 입사 이후 지원자의 업무
수행능력을 평가하는 데 적절한 면접 방식이다. 또한 지원자의 가치관, 태도, 사고방식
등의 요소를 통합적으로 평가하는 데 용이하다.

ⓒ 예시 문항 및 준비전략

• 예시 문항

> 당신은 생산관리팀의 팀원으로, 생산팀이 기한에 맞춰 효율적으로 제품을 생산할 수 있도
> 록 관리하는 역할을 맡고 있습니다. 3개월 뒤에 제품A를 정상적으로 출시하기 위해 생산
> 팀의 생산 계획을 수립한 상황입니다. 그러나 원가가 곧 실적으로 이어지는 구매팀에서는
> 최대한 원가를 줄여 전반적 단가를 낮추려고 원가절감을 위한 제안을 하였으나, 연구개발
> 팀에서는 구매팀이 제안한 방식으로 제품을 생산할 경우 대부분이 구매팀의 실적으로 산정
> 될 것이므로 제대로 확인도 해보지 않은 채 적합하지 않은 방식이라고 판단하고 있습니다.
> 당신은 어떻게 하겠습니까?

• 준비전략 : 상황면접은 먼저 주어진 상황에서 핵심이 되는 문제가 무엇인지를 파악하는
것에서 시작한다. 주질문과 세부질문을 통하여 질문의 의도를 파악하였다면, 그에 대한
구체적인 행동이나 생각 등에 대해 응답할수록 높은 점수를 얻을 수 있다.

⑤ 역할면접

㉠ 면접 방식 및 판단기준

• 면접 방식 : 역할면접 또는 역할연기 면접은 기업 내 발생 가능한 상황에서 부딪히게 되
는 문제와 역할을 가상적으로 설정하여 특정 역할을 맡은 사람과 상호작용하고 문제를
해결해 나가도록 하는 방식으로 진행된다. 역할연기 면접에서는 면접관이 직접 역할연
기를 하면서 지원자를 관찰하기도 하지만, 역할연기 수행만 전문적으로 하는 사람을 투
입할 수도 있다.

• 판단기준 : 대처능력, 대인관계능력, 의사소통능력 등

ⓛ 특징 : 역할면접은 실제 상황과 유사한 가상 상황에서의 행동을 관찰함으로서 지원자의
성격이나 대처 행동 등을 관찰할 수 있다.

ⓒ 예시 문항 및 준비전략

• 예시 문항

> [금융권 역할면접의 예]
> 당신은 ○○은행의 신입 텔러이다. 사람이 많은 월말 오전 한 할아버지(면접관 또는 역할담
> 당자)께서 ○○은행을 사칭한 보이스피싱으로 500만 원을 피해 보았다며 소란을 일으키고
> 있다. 실제 업무상황이라고 생각하고 상황에 대처해 보시오.

• 준비전략 : 역할연기 면접에서 측정하는 역량은 주로 갈등의 원인이 되는 문제를 해결하고 제시된 해결방안을 상대방에게 설득하는 것이다. 따라서 갈등해결, 문제해결, 조정·통합, 설득력과 같은 역량이 중요시된다. 또한 갈등을 해결하기 위해서 상대방에 대한 이해도 필수적인 요소이므로 고객 지향을 염두에 두고 상황에 맞게 대처해야 한다. 역할면접에서는 변별력을 높이기 위해 면접관이 압박적인 분위기를 조성하는 경우가 많기 때문에 스트레스 상황에서 불안해하지 않고 유연하게 대처할 수 있도록 시간과 노력을 들여 충분히 연습하는 것이 좋다.

2 면접 이미지 메이킹

(1) 성공적인 이미지 메이킹 포인트

① 복장 및 스타일

㉠ 남성

• 양복 : 양복은 단색으로 하며 넥타이나 셔츠로 포인트를 주는 것이 효과적이다. 짙은 회색이나 감청색이 가장 단정하고 품위 있는 인상을 준다.
• 셔츠 : 흰색이 가장 선호되나 자신의 피부색에 맞추는 것이 좋다. 푸른색이나 베이지색은 산뜻한 느낌을 줄 수 있다. 양복과의 배색도 고려하도록 한다.
• 넥타이 : 의상에 포인트를 줄 수 있는 아이템이지만 너무 화려한 것은 피한다. 지원자의 피부색은 물론, 정장과 셔츠의 색을 고려하며, 체격에 따라 넥타이 폭을 조절하는 것이 좋다.
• 구두 & 양말 : 구두는 검정색이나 짙은 갈색이 어느 양복에나 무난하게 어울리며 깔끔하게 닦아 준비한다. 양말은 정장과 동일한 색상이나 검정색을 착용한다.
• 헤어스타일 : 머리스타일은 단정한 느낌을 주는 짧은 헤어스타일이 좋으며 앞머리가 있다면 이마나 눈썹을 가리지 않는 선에서 정리하는 것이 좋다.

ⓒ 여성

- 의상 : 단정한 스커트 투피스 정장이나 슬랙스 슈트가 무난하다. 블랙이나 그레이, 네이비, 브라운 등 차분해 보이는 색상을 선택하는 것이 좋다.
- 소품 : 구두, 핸드백 등은 같은 계열로 코디하는 것이 좋으며 구두는 너무 화려한 디자인이나 굽이 높은 것을 피한다. 스타킹은 의상과 구두에 맞춰 단정한 것으로 선택한다.
- 액세서리 : 액세서리는 너무 크거나 화려한 것은 좋지 않으며 과하게 많이 하는 것도 좋은 인상을 주지 못한다. 착용하지 않거나 작고 깔끔한 디자인으로 포인트를 주는 정도가 적당하다.
- 메이크업 : 화장은 자연스럽고 밝은 이미지를 표현하는 것이 좋으며 진한 색조는 인상이 강해 보일 수 있으므로 피한다.
- 헤어스타일 : 커트나 단발처럼 짧은 머리는 활동적이면서도 단정한 이미지를 줄 수 있도록 정리한다. 긴 머리의 경우 하나로 묶거나 단정한 머리망으로 정리하는 것이 좋으며, 짙은 염색이나 화려한 웨이브는 피한다.

② 인사

ⓐ 인사의 의미 : 인사는 예의범절의 기본이며 상대방의 마음을 여는 기본적인 행동이라고 할 수 있다. 인사는 처음 만나는 면접관에게 호감을 살 수 있는 가장 쉬운 방법이 될 수 있기도 하지만 제대로 예의를 지키지 않으면 지원자의 인성 전반에 대한 평가로 이어질 수 있으므로 각별히 주의해야 한다.

ⓑ 인사의 핵심 포인트

- 인사말 : 인사말을 할 때에는 밝고 친근감 있는 목소리로 하며, 자신의 이름과 수험번호 등을 간략하게 소개한다.
- 시선 : 인사는 상대방의 눈을 보며 하는 것이 중요하며 너무 빤히 쳐다본다는 느낌이 들지 않도록 주의한다.
- 표정 : 인사는 마음에서 우러나오는 존경이나 반가움을 표현하고 예의를 차리는 것이므로 살짝 미소를 지으며 하는 것이 좋다.
- 자세 : 인사를 할 때에는 가볍게 목만 숙인다거나 흐트러진 상태에서 인사를 하지 않도록 주의하며 절도 있고 확실하게 하는 것이 좋다.

③ 시선처리와 표정, 목소리

　㉠ **시선처리와 표정** : 표정은 면접에서 지원자의 첫인상을 결정하는 중요한 요소이다. 얼굴 표정은 사람의 감정을 가장 잘 표현할 수 있는 의사소통 도구로 표정 하나로 상대방에게 호감을 주거나, 비호감을 사기도 한다. 호감이 가는 인상의 특징은 부드러운 눈썹, 자연스러운 미간, 적당히 볼록한 광대, 올라간 입 꼬리 등으로 가볍게 미소를 지을 때의 표정과 일치한다. 따라서 면접 중에는 밝은 표정으로 미소를 지어 호감을 형성할 수 있도록 한다. 시선은 면접관과 고르게 맞추되 생기 있는 눈빛을 띄도록 하며, 너무 빤히 쳐다본다는 인상을 주지 않도록 한다.

　㉡ **목소리** : 면접은 주로 면접관과 지원자의 대화로 이루어지므로 목소리가 미치는 영향이 상당하다. 답변을 할 때에는 부드러우면서도 활기차고 생동감 있는 목소리로 하는 것이 면접관에게 호감을 줄 수 있으며 적당한 제스처가 더해진다면 상승효과를 얻을 수 있다. 그러나 적절한 답변을 하였음에도 불구하고 콧소리나 날카로운 목소리, 자신감 없는 작은 목소리는 답변의 신뢰성을 떨어뜨릴 수 있으므로 주의하도록 한다.

④ 자세

　㉠ 걷는 자세
  * 면접장에 입실할 때에는 상체를 곧게 유지하고 발끝은 평행이 되게 하며 무릎을 스치듯 11자로 걷는다.
  * 시선은 정면을 향하고 턱은 가볍게 당기며 어깨나 엉덩이가 흔들리지 않도록 주의한다.
  * 발바닥 전체가 닿는 느낌으로 안정감 있게 걸으며 발소리가 나지 않도록 주의한다.
  * 보폭은 어깨넓이만큼이 적당하지만, 스커트를 착용했을 경우 보폭을 줄인다.
  * 걸을 때도 미소를 유지한다.

　㉡ 서있는 자세
  * 몸 전체를 곧게 펴고 가슴을 자연스럽게 내민 후 등과 어깨에 힘을 주지 않는다.
  * 정면을 바라본 상태에서 턱을 약간 당기고 아랫배에 힘을 주어 당기며 바르게 선다.
  * 양 무릎과 발뒤꿈치는 붙이고 발끝은 11자 또는 V형을 취한다.
  * 남성의 경우 팔을 자연스럽게 내리고 양손을 가볍게 쥐어 바지 옆선에 붙이고, 여성의 경우 공수자세를 유지한다.

ⓒ 앉은 자세

• 남성

> • 의자 깊숙이 앉고 등받이와 등 사이에 주먹 1개 정도의 간격을 두며 기대듯 앉지 않도록 주의한다. (남녀 공통 사항)
> • 무릎 사이에 주먹 2개 정도의 간격을 유지하고 발끝은 11자를 취한다.
> • 시선은 정면을 바라보며 턱은 가볍게 당기고 미소를 짓는다. (남녀 공통 사항)
> • 양손은 가볍게 주먹을 쥐고 무릎 위에 올려놓는다.
> • 앉고 일어날 때에는 자세가 흐트러지지 않도록 주의한다. (남녀 공통 사항)

• 여성

> • 스커트를 입었을 경우 왼손으로 뒤쪽 스커트 자락을 누르고 오른손으로 앞쪽 자락을 누르며 의자에 앉는다.
> • 무릎은 붙이고 발끝을 가지런히 하며, 다리를 왼쪽으로 비스듬히 기울이면 단정해 보이는 효과가 있다.
> • 양손을 모아 무릎 위에 모아 놓으며 스커트를 입었을 경우 스커트 위를 가볍게 누르듯이 올려놓는다.

(2) 면접 예절

① 행동 관련 예절

ⓒ 지각은 절대금물 : 시간을 지키는 것은 예절의 기본이다. 지각을 할 경우 면접에 응시할 수 없거나, 면접 기회가 주어지더라도 불이익을 받을 가능성이 높아진다. 따라서 면접 장소가 결정되면 교통편과 소요시간을 확인하고 가능하다면 사전에 미리 방문해 보는 것도 좋다. 면접 당일에는 서둘러 출발하여 면접 시간 20~30분 전에 도착하여 회사를 둘러보고 환경에 익숙해지는 것도 성공적인 면접을 위한 요령이 될 수 있다.

ⓒ 면접 대기 시간 : 지원자들은 대부분 면접장에서의 행동과 답변 등으로만 평가를 받는다고 생각하지만 그렇지 않다. 면접관이 아닌 면접진행자 역시 대부분 인사실무자이며 면접관이 면접 후 지원자에 대한 평가에 있어 확신을 위해 면접진행자의 의견을 구한다면 면접진행자의 의견이 당락에 영향을 줄 수 있다. 따라서 면접 대기 시간에도 행동과 말을 조심해야 하며, 면접을 마치고 돌아가는 순간까지도 긴장을 늦춰서는 안 된다. 면접 중 압박적인 질문에 답변을 잘 했지만, 면접장을 나와 흐트러진 모습을 보이거나 욕설을 한다면 면접 탈락의 요인이 될 수 있으므로 주의해야 한다.

ⓒ 입실 후 태도 : 본인의 차례가 되어 호명되면 또렷하게 대답하고 들어간다. 만약 면접장 문이 닫혀 있다면 상대에게 소리가 들릴 수 있을 정도로 노크를 두세 번 한 후 대답을 듣고 나서 들어가야 한다. 문을 여닫을 때에는 소리가 나지 않게 조용히 하며 공손한 자세로 인사한 후 성명과 수험번호를 말하고 면접관의 지시에 따라 자리에 앉는다. 이 경우 착석하라는 말이 없는데 먼저 의자에 앉으면 무례한 사람으로 보일 수 있으므로 주의한다. 의자에 앉을 때에는 끝에 앉지 말고 무릎 위에 양손을 가지런히 얹는 것이 예절이라고 할 수 있다.

ⓓ 옷매무새를 자주 고치지 마라. : 일부 지원자의 경우 옷매무새 또는 헤어스타일을 자주 고치거나 확인하기도 하는데 이러한 모습은 과도하게 긴장한 것 같아 보이거나 면접에 집중하지 못하는 것으로 보일 수 있다. 남성 지원자의 경우 넥타이를 자꾸 고쳐 맨다거나 정장 상의 끝을 너무 자주 만지작거리지 않는다. 여성 지원자는 머리를 계속 쓸어 올리지 않고, 특히 짧은 치마를 입고서 신경이 쓰여 치마를 끌어 내리는 행동은 좋지 않다.

ⓔ 다리를 떨거나 산만한 시선은 면접 탈락의 지름길 : 자신도 모르게 다리를 떨거나 손가락을 만지는 등의 행동을 하는 지원자가 있는데, 이는 면접관의 주의를 끌 뿐만 아니라 불안하고 산만한 사람이라는 느낌을 주게 된다. 따라서 가능한 한 바른 자세로 앉아 있는 것이 좋다. 또한 면접관과 시선을 맞추지 못하고 여기저기 둘러보는 듯한 산만한 시선은 지원자가 거짓말을 하고 있다고 여겨지거나 신뢰할 수 없는 사람이라고 생각될 수 있다.

② 답변 관련 예절

ⓐ 면접관이나 다른 지원자와 가치 논쟁을 하지 않는다. : 질문을 받고 답변하는 과정에서 면접관 또는 다른 지원자의 의견과 다른 의견이 있을 수 있다. 특히 평소 지원자가 관심이 많은 문제이거나 잘 알고 있는 문제인 경우 자신과 다른 의견에 대해 이의가 있을 수 있다. 하지만 주의할 것은 면접에서 면접관이나 다른 지원자와 가치 논쟁을 할 필요는 없다는 것이며 오히려 불이익을 당할 수도 있다. 정답이 정해져 있지 않은 경우에는 가치관이나 성장배경에 따라 문제를 받아들이는 태도에서 답변까지 충분히 차이가 있을 수 있으므로 굳이 면접관이나 다른 지원자의 가치관을 지적하고 고치려 드는 것은 좋지 않다.

ⓒ 답변은 항상 정직해야 한다. : 면접이라는 것이 아무리 지원자의 장점을 부각시키고 단점을 축소시키는 것이라고 해도 절대로 거짓말을 해서는 안 된다. 거짓말을 하게 되면 지원자는 불안하거나 꺼림칙한 마음이 들게 되어 면접에 집중을 하지 못하게 되고 수많은 지원자를 상대하는 면접관은 그것을 놓치지 않는다. 거짓말은 그 지원자에 대한 신뢰성을 떨어뜨리며 이로 인해 다른 스펙이 아무리 훌륭하다고 해도 채용에서 탈락하게 될 수 있음을 명심하도록 한다.

ⓒ 경력직을 경우 전 직장에 대해 험담하지 않는다. : 지원자가 전 직장에서 무슨 업무를 담당했고 어떤 성과를 올렸는지는 면접관이 관심을 둘 사항일 수 있지만, 이전 직장의 기업문화나 상사들이 어땠는지는 그다지 궁금해 하는 사항이 아니다. 전 직장에 대해 험담을 늘어놓는다든가, 동료와 상사에 대한 악담을 하게 된다면 오히려 지원자에 대한 부정적인 이미지만 심어줄 수 있다. 만약 전 직장에 대한 말을 해야 할 경우가 생긴다면 가능한 한 객관적으로 이야기하는 것이 좋다.

ⓔ 자기 자신이나 배경에 대해 자랑하지 않는다. : 자신의 성취나 부모 형제 등 집안사람들이 사회 · 경제적으로 어떠한 위치에 있는지에 대한 자랑은 면접관으로 하여금 지원자에 대해 오만한 사람이거나 배경에 의존하려는 나약한 사람이라는 이미지를 갖게 할 수 있다. 따라서 자기 자신이나 배경에 대해 자랑하지 않도록 하고, 자신이 한 일에 대해서 너무 자세하게 얘기하지 않도록 주의해야 한다.

면접 질문 및 답변 포인트

(1) 가족 및 대인관계에 관한 질문

① 당신의 가정은 어떤 가정입니까?

면접관들은 지원자의 가정환경과 성장과정을 통해 지원자의 성향을 알고 싶어 이와 같은 질문을 한다. 비록 가정 일과 사회의 일이 완전히 일치하는 것은 아니지만 '가화만사성'이라는 말이 있듯이 가정이 화목해야 사회에서도 화목하게 지낼 수 있기 때문이다. 그러므로 답변 시에는 가족사항을 정확하게 설명하고 집안의 분위기와 특징에 대해 이야기하는 것이 좋다.

② 친구 관계에 대해 말해 보십시오.

지원자의 인간성을 판단하는 질문으로 교우관계를 통해 답변자의 성격과 대인관계능력을 파악할 수 있다. 새로운 환경에 적응을 잘하여 새로운 친구들이 많은 것도 좋지만, 깊고 오래 지속되어온 인간관계를 말하는 것이 더욱 바람직하다.

(2) 성격 및 가치관에 관한 질문

① 당신의 PR포인트를 말해 주십시오.

PR포인트를 말할 때에는 지나치게 겸손한 태도는 좋지 않으며 적극적으로 자기를 주장하는 것이 좋다. 앞으로 입사 후 하게 될 업무와 관련된 자기의 특성을 구체적인 일화를 더하여 이야기하도록 한다.

② 당신의 장·단점을 말해 보십시오.

지원자의 구체적인 장·단점을 알고자 하기 보다는 지원자가 자기 자신에 대해 얼마나 알고 있으며 어느 정도의 객관적인 분석을 하고 있나, 그리고 개선의 노력 등을 시도하는지를 파악하고자 하는 것이다. 따라서 장점을 말할 때는 업무와 관련된 장점을 뒷받침할 수 있는 근거와 함께 제시하며, 단점을 이야기할 때에는 극복을 위한 노력을 반드시 포함해야 한다.

③ 가장 존경하는 사람은 누구입니까?

존경하는 사람을 말하기 위해서는 우선 그 인물에 대해 알아야 한다. 잘 모르는 인물에 대해 존경한다고 말하는 것은 면접관에게 바로 지적당할 수 있으므로, 추상적이라도 좋으니 평소에 존경스럽다고 생각했던 사람에 대해 그 사람의 어떤 점이 좋고 존경스러운지 대답하도록 한다. 또한 자신에게 어떤 영향을 미쳤는지도 언급하면 좋다.

(3) 학교생활에 관한 질문

① 지금까지의 학교생활 중 가장 기억에 남는 일은 무엇입니까?

가급적 직장생활에 도움이 되는 경험을 이야기하는 것이 좋다. 또한 경험만을 간단하게 말하지 말고 그 경험을 통해서 얻을 수 있었던 교훈 등을 예시와 함께 이야기하는 것이 좋으나 너무 상투적인 답변이 되지 않도록 주의해야 한다.

② 성적은 좋은 편이었습니까?

면접관은 이미 서류심사를 통해 지원자의 성적을 알고 있다. 그럼에도 불구하고 이 질문을 하는 것은 지원자가 성적에 대해서 어떻게 인식하느냐를 알고자 하는 것이다. 성적이 나빴던 이유에 대해서 변명하려 하지 말고 담백하게 받아드리고 그것에 대한 개선노력을 했음을 밝히는 것이 적절하다.

③ 학창시절에 시위나 집회 등에 참여한 경험이 있습니까?

기업에서는 노사분규를 기업의 사활이 걸린 중대한 문제로 인식하고 거시적인 차원에서 접근한다. 이러한 기업문화를 제대로 인식하지 못하여 학창시절의 시위나 집회 참여 경험을 자랑스럽게 답변할 경우 감점요인이 되거나 심지어는 탈락할 수 있다는 사실에 주의한다. 시위나 집회에 참가한 경험을 말할 때에는 타당성과 정도에 유의하여 답변해야 한다.

(4) 지원동기 및 직업의식에 관한 질문

① 왜 우리 회사를 지원했습니까?

이 질문은 어느 회사나 가장 먼저 물어보고 싶은 것으로 지원자들은 기업의 이념, 대표의 경영능력, 재무구조, 복리후생 등 외적인 부분을 설명하는 경우가 많다. 이러한 답변도 적절하지만 지원 회사의 주력 상품에 관한 소비자의 인지도, 경쟁사 제품과의 시장점유율을 비교하면서 입사동기를 설명한다면 상당히 주목 받을 수 있을 것이다.

② 만약 이번 채용에 불합격하면 어떻게 하겠습니까?

불합격할 것을 가정하고 회사에 응시하는 지원자는 거의 없을 것이다. 이는 지원자를 궁지로 몰아넣고 어떻게 대응하는지를 살펴보며 입사 의지를 알아보려고 하는 것이다. 이 질문은 너무 깊이 들어가지 말고 침착하게 답변하는 것이 좋다.

③ 당신이 생각하는 바람직한 사원상은 무엇입니까?

직장인으로서 또는 조직의 일원으로서의 자세를 묻는 질문으로 지원하는 회사에서 어떤 인재상을 요구하는 가를 알아두는 것이 좋으며, 평소에 자신의 생각을 미리 정리해 두어 당황하지 않도록 한다.

④ 직무상의 적성과 보수의 많음 중 어느 것을 택하겠습니까?

이런 질문에서 회사 측에서 원하는 답변은 당연히 직무상의 적성에 비중을 둔다는 것이다. 그러나 적성만을 너무 강조하다 보면 오히려 솔직하지 못하다는 인상을 줄 수 있으므로 어느 한 쪽을 너무 강조하거나 경시하는 태도는 바람직하지 못하다.

⑤ 상사와 의견이 다를 때 어떻게 하겠습니까?

과거와 다르게 최근에는 상사의 명령에 무조건 따르겠다는 수동적인 자세는 바람직하지 않다. 회사에서는 때에 따라 자신이 판단하고 행동할 수 있는 직원을 원하기 때문이다. 그러나 지나치게 자신의 의견만을 고집한다면 이는 팀원 간의 불화를 야기할 수 있으며 팀 체제에 악영향을 미칠 수 있으므로 선호하지 않는다는 것에 유념하여 답해야 한다.

⑥ 근무지가 지방인데 근무가 가능합니까?

근무지가 지방 중에서도 특정 지역은 되고 다른 지역은 안 된다는 답변은 바람직하지 않다. 직장에서는 순환 근무라는 것이 있으므로 처음에 지방에서 근무를 시작했다고 해서 계속 지방에만 있는 것은 아님을 유의하고 답변하도록 한다.

(5) 여가 활용에 관한 질문

① 취미가 무엇입니까?

기초적인 질문이지만 특별한 취미가 없는 지원자의 경우 대답이 애매할 수밖에 없다. 그래서 가장 많이 대답하게 되는 것이 독서, 영화감상, 혹은 음악감상 등과 같은 흔한 취미를 말하게 되는데 이런 취미는 면접관의 주의를 끌기 어려우며 설사 정말 위와 같은 취미를 가지고 있다하더라도 제대로 답변하기는 힘든 것이 사실이다. 가능하면 독특한 취미를 말하는 것이 좋으며 이제 막 시작한 것이라도 열의를 가지고 있음을 설명할 수 있으면 그것을 취미로 답변하는 것도 좋다.

② 술자리를 좋아합니까?

이 질문은 정말로 술자리를 좋아하는 정도를 묻는 것이 아니다. 우리나라에서는 대부분 술자리가 친교의 자리로 인식되기 때문에 그것에 얼마나 적극적으로 참여할 수 있는 가를 우회적으로 묻는 것이다. 술자리를 싫어한다고 대답하게 되면 원만한 대인관계에 문제가 있을 수 있다고 평가될 수 있으므로 술을 잘 마시지 못하더라도 술자리의 분위기는 즐긴다고 답변하는 것이 좋으며 주량에 대해서는 정확하게 말하는 것이 좋다.

(6) 지원자를 당황하게 하는 질문

① 성적이 좋지 않은데 이 정도의 성적으로 우리 회사에 입사할 수 있다고 생각합니까?

비록 자신의 성적이 좋지 않더라도 이미 서류심사에 통과하여 면접에 참여하였다면 기업에서는 지원자의 성적보다 성적 이외의 요소, 즉 성격·열정 등을 높이 평가했다는 것이라고 할 수 있다. 그러나 이런 질문을 받게 되면 지원자는 당황할 수 있으나 주눅 들지 말고 침착하게 대처하는 면모를 보인다면 더 좋은 인상을 남길 수 있다.

② 우리 회사 회장님 함자를 알고 있습니까?

회장이나 사장의 이름을 조사하는 것은 면접일을 통고받았을 때 이미 사전 조사되었어야 하는 사항이다. 단답형으로 이름만 말하기보다는 그 기업에 입사를 희망하는 지원자의 입장에서 답변하는 것이 좋다.

③ 당신은 이 회사에 적합하지 않은 것 같군요.

이 질문은 지원자의 입장에서 상당히 곤혹스러울 수밖에 없다. 질문을 듣는 순간 그렇다면 면접은 왜 참가시킨 것인가 하는 생각이 들 수도 있다. 하지만 당황하거나 흥분하지 말고 침착하게 자신의 어떤 면이 회사에 적당하지 않은지 겸손하게 물어보고 지적당한 부분에 대해서 고치겠다는 의지를 보인다면 오히려 자신의 능력을 어필할 수 있는 기회로 사용할 수도 있다.

④ 다시 공부할 계획이 있습니까?

이 질문은 지원자가 합격하여 직장을 다니다가 공부를 더 하기 위해 회사를 그만 두거나 학습에 더 관심을 두어 일에 대한 능률이 저하될 것을 우려하여 묻는 것이다. 이때에는 당연히 학습보다는 일을 강조해야 하며, 업무 수행에 필요한 학습이라면 업무에 지장이 없는 범위에서 야간학교를 다니거나 회사에서 제공하는 연수 프로그램 등을 활용하겠다고 답변하는 것이 적당하다.

⑤ 지원한 분야가 전공한 분야와 다른데 여기 일을 할 수 있겠습니까?

수험생의 입장에서 본다면 지원한 분야와 전공이 다르지만 서류전형과 필기전형에 합격하여 면접을 보게 된 경우라고 할 수 있다. 이는 결국 해당 회사의 채용 방침상 전공에 크게 영향을 받지 않는다는 것이므로 무엇보다 자신이 전공하지는 않았지만 어떤 업무도 적극적으로 임할 수 있다는 자신감과 능동적인 자세를 보여주도록 노력하는 것이 좋다.

CHAPTER 02 면접기출

1 실무진 · 임원 면접

- 1분 자기소개를 해보시오.
- 공단에 지원한 동기/이직하려는 이유는 무엇인가?
- 본인이 생각하는 자신의 장 · 단점은?
- 존경하는 인물은 누구이며 그 이유는 무엇인가?
- 최근 읽은 책, 혹은 기억에 남는 책이 있다면 소개해보시오.
- 자신이 바라는 10년 후의 모습은 어떤 모습인가?
- 삶의 가치관에 대해 말해보시오.
- 인생에서 가장 중요하게 생각하는 것에 대해 설명해보시오.
- 학창시절 및 졸업 후 경험들이 현재 자신에게 어떤 도움이 되었는가?
- 전공이 다른 분야에 지원한 이유가 있다면?
- 공무원연금공단이 하는 일에 대해 말해보시오.
- 최근 알게 된 공단 관련 이슈가 있다면?
- 공단 입사 후 맡고 싶은 일을 자신의 강점과 연관하여 말해보시오.
- 공단의 발전방향에 대한 본인의 생각을 말해보시오.
- 희망하는 직무와 다른 직무에 배치된다면 어떻게 하겠는가?
- 연금 서비스의 사회적 역할이 무엇이라고 생각하는가?
- 입사하게 되면 공무원연금기금을 어떻게 운용하고 싶은가?
- 부서 간의 업무 분담시, 서로 상대방의 부서 일이라고 미루는 경우에는 어떻게 대처할 것인가?
- 기업이 져야하는 사회적 책임이 무엇이라고 생각하는가?
- 기업의 사회봉사활동의 의미는?

- 기업의 윤리경영에 대해 말해보시오.
- 공단과 다른 공기업, 둘 다 합격한다면 어떻게 할 것인가?
- 직장생활에서 가장 필요한 태도를 한마디로 표현한다면?
- 상사와 갈등이 발생했을 때, 어떻게 대처하겠는가?
- 팀장이 부당한 지시를 내렸을 때, 본인은 어떻게 대처하겠는가?
- 회사 업무와 개인의 중요업무가 겹쳤을 때 어떻게 대처할 것인가?
- 최근 주의 깊게 본 뉴스가 있는지, 그 뉴스에 대한 본인의 생각을 같이 말해보시오.
- 같이 일하기 어려운 유형의 사람이 있는가? 이유는 무엇인가?
- 목표를 달성했던 경험에 대해 구체적으로 말해보시오.
- 살면서 힘들었던 경험이 있는지, 그리고 그것을 어떻게 극복했는지?
- 학창시절 또는 졸업 후 다른 사람과 협업한 경험이 있는지, 있다면 그 때 본인의 역할은 무엇이었는지 말해보시오.
- 최근 스트레스를 받은 경험과 본인만의 스트레스 해소 방법이 있는지 말해보시오.
- 10년 전으로 돌아간다면 해보고 싶은 일과 이유에 대해 말해보시오.
- 면접결과 탈락한다면 어떤 계획을 가지고 있는가?

2 PT면접

- 퇴직 공무원들의 재능기부를 통해 지역 사회에서 다양한 활동 참여를 높이는 방안
- 공무원연금업무와 관련하여 고객만족도를 높일 수 있는 방안
- 우리나라의 현행 퇴직연금제도의 문제점과 발전방향
- 공단에 대한 국민의 신뢰를 향상시킬 수 있는 방안
- 공무원연금제도가 필요한 이유
- 공무원연금의 재정안정성 확보를 위한 방안
- 공단의 경영목표를 달성하기 위한 구체적인 방안
- 공단이 사회적 책임을 다하기 위해 해야하는 일
- 공단의 외부청렴도 개선 및 부패방지를 위한 방안

서원각과 함께

꿈의 날개를 펴라

기업체 시리즈

서울교통공사

서울시설공단

한국가스안전공사

코레일(한국철도공사)

온라인강의와
함께 공부하자!

공무원│자격증│NCS│부사관·장교

네이버 검색창과 유튜브에 소정미디어를 검색해보세요.
다양한 강의로 학습에 도움을 받아보세요.

유튜브무료강의

소정미디어 홈페이지에서
다양한 강의를 확인해보세요.